# インドへ導かれて半世紀

杉本さくよ 著

ヒマラヤ山岳地
プロジェクト
の記録

みやざき文庫 136

# プロローグ

カルカッタ。今日ではコルカタと呼ぶ。

一九六七年一月、初めて訪れた街である。かつて栄華をきわめたイギリス統治時代の建物が朽ちるがままの街並み、悪臭を放つ街中、雑踏をかき分けながら貧民街へと向かった。そこに逢ってみたい人がいた。

チョーリンギ通りまで来ると、電車道にたむろする人たちに、私が探している住所を尋ねる。誰もが親切に、自分がその場所なら知っているという。集まった道案内人たちに「あっちだ」「いやこっちだ」とさんざん振り回され、足が棒のようになるほど歩き回った。

辿り着いたのは、小さなうす汚い路地。質素な門をくぐった。突然の訪問なのに門前払いされることもなかった。ひかえめな表情のシスターに導かれたのは、こぢんまりした窓のない応接間だった。うす暗い部屋には質素で大きな木製テーブルと椅子。他に何もない部屋。あるのは、壁に無造作に貼られた一枚の大きな世界地図だけ。

ほどなく、小柄な初老の女性が白い歯をみせ、にっこりと微笑み入ってきた。マザーテレサだった。内心、威圧感ある大柄なヨーロッパ女性ではと思っていた。が私よりひとまわり小柄な体にシンプルな白のサリーをまとい、素足にゴム草履の質素な姿。

一瞬懐かしい人に出会ったような錯覚を覚え、緊張もなく突然の訪問に至った経緯を喋った。

それにしてもマザーの名を知ったのはついこないだ（一九六六年暮れ）のこと。デリーにあるアメリカ大使館関係の女性たちが催した「チャリティ・クリスマス・バザール」に誘われ参加した時。バザールの益金はカルカッタで貧民の救済をしているマザーテレサに贈られると説明を受けた。

「どんな人？」と関心をもった。でも、その時マザーを訪ねていくなど考えてもみなかった。

ほどなく年が明け、新年会に集まった友人たちと雑談の中、旅行が決まり、行先は、カルカッタ。インドの列車事情も知らず、汽車に乗る。一日半で着く予定がまるまる二日半もかかってしまい、乗り物に弱い私には苦行の旅となった。当然ホテルに辿り着くなり倒れ込み、友人たちとの観光に同行できるはずもない。一人残されて寝た。

しかし、二〇代の回復は早い。目が覚めると気分もすっきり、寝ていては時間がもったいない。さて、とその時思い浮かんだのが、チャリティ・バザールで聞いたチョーリンギ通りのマザーテレサだった。

訪れたこの日、マザーに時間のゆとりがあったのだろう。彼女は私の手首をつかむと、「せっかくだから子どもの家を見ていきなさい」と大通りを数分歩いたところの子どもの施設へ案内してくれた。

だだっぴろい部屋には、すでに光を失った子、わずかな視力で人影を追う子、四〜五歳で立ち上がれない子たちが、柵を巡らしたベッドにそれぞれ寝かされていた。どの子も道端に捨てられていた子どもたちだ。

このカルカッタの街は、六〇万いや一〇〇万ともいわれる路上生活者で溢れている。この怖いほどの現実を直視すれば誰もがたじろぎ、無力を感じながら、顔を伏せて行き過ぎるしか術をしらない。

軽い気持ちでマザーを訪ねた自分がひどく恥ずかしかった。とっさに非常時用に、とバッグの奥にしまっていた二〇ドル紙幣（一ドル三六〇円）三枚から二枚を取り出し、折りたたんでマザーの手へ渡した。それはマザーから受けた衝撃に対する反射的な行為だったのかもしれない。

それが初めてマザーに出会った時のこと。今に残る記憶である。

※　　　※

あれから五三年、インドに半世紀以上かかわって生きてきた。その原点は、いったい何だったのか？　自分に問うてみる。はっきりしない。だが、やはりマザーとの出会いにあったのではないかと思う。当時のこと、私だけでなく知る人の少なかったマザーテレサに出会えたのは偶然としかいいようがない。

この歳になって思う。人間は何かに引き寄せられ、偶然の出会いが生まれる。そして、新しい交わりの中で、さまざまなことにぶつかりながら学んでいく。その過程で生じる「必要」に導かれて、自分を生きることになる。

マザーとの出会いから二〇年が経ったころ、そのカルカッタで偶然紹介されたのが、イギリス人のボブ・ライトだった。彼は、カルカッタの貧民街のアングロインディアンの子どもたちを育てるドクター・グラハムズ・ホームズ（ＤＧＨ）の理事長をしていた。彼は、熱心に子どもの教育の大切さを語った。

実はちょうどこの頃、気になっていたことがあった。私がレディー・アーウィン大学で活動した二年間、そのほとんどをスラムや農村集落の栄養調査に費やした。学生と訪れるスラムでは、五～六歳の子どもが立派な働き手であった。その子どもたちの夢は、学校へ行きたい。彼らの夢は私の頭から消えていなかった。教育への思いが強くなっていた時、ボブの誘いが重なった。

とは言っても、誘いを受けたから、はいはいと引き受けるほど単純なことではない。教育の機会に恵まれない子どもらを支援するには、それなりの準備と協力者を募ったり、資金の裏付けは大事な要素だ。単なる思いだけで始められるものではない。

迷いの中にいたとき、ポンと背中を押してくれたのが、たまたまマザーの言葉だった。

『──その成果といっては極く僅かなものですのに──

私たちのしていることが大海の一滴に過ぎないことは私たち自身よく知っています。

でも大海にこの一滴が無ければ、一滴不足することになるでしょう。

何千人という子どもたちは往来に放っておかれるでしょう。

私たちのするべきことは二つに一つなのです。

子どもを引き受け彼らに何かしてやるか、それとも往来に放っておくか。』

（『マザー・テレサ愛を語る』より抜粋）


やがて、導かれるごとく、いや導かれて、教育支援へとシフトし、気がつけば、ドクター・グラハムズ学校のあるヒマラヤの山奥まで来てしまったのである。

この導きの結果、私は、多くの貴重な気づきや知識や感動を得ることができた。この地域が抱える国境という宿命。それに絡む人間の駆け引き。翻弄され、自由を奪われる住民の苦悩も少なからず共有してきた。そのような環境の中、曲がりなりにも私どもは、子どもの養育と教育、加えてＪＩＣＡ（国際協力機構）農業振興プロジェクト、味の素プロジェクトを終わらせた。

事業終了から、二回目のモニタリング、二〇一六年の一一月。その時、ＪＩＣＡプロジェクトの協力者だったドクター・ライが一時間ばかり離れた生薬の国営のシンコーナー・プランテーションに招待してくれた。彼は転勤になり、この二万人が働くプランテーションのＧ・マネージャーである。その時、ちょうどキナの皮からマラリアと心臓の薬を精製する工場の試運転中だった。油と塵にまみれた機械がきしみながら動き、英国統治時代の一四〇年前と変わらぬ工程を見学した。

「ご存じだと思いますが……」との前置きで始まったドクターの話に、実は「ご存じなかった」私は、今まで縁もゆかりもないと思っていたこの地に思いもよらない縁があったことを知り、心打たれたのである。

「第二次世界大戦の終盤、ビルマ戦線で捕虜となり、マラリアに侵された日本兵を、この工場で作った薬、キニーネが救った。キニーネは高価で一般の軍人にはめったに使えない薬だった。しかし、連合軍は、キニーネを投与し、日本兵は生きて祖国に帰ることができました」と誇らしげに語ってくれた。

ドクターの話を聞き終えるや「ああよかったー」と、その奇遇な縁に感謝したい気持ちになった。ヒマラヤの山奥まで来て、この地の人々と交わった意味を教えられた気がした。

目次

インドへ導かれて半世紀
ヒマラヤ山岳地プロジェクトの記録

プロローグ …… 1

一部　教育・農業・食と健康　カリンポン、プロジェクトの地 —— 13

一、ドクター・グラハムズホームズ日本委員会 …… 14
二、地域園芸振興プロジェクト …… 30
三、味の素「食と健康プロジェクト」 …… 43
四、パートナー事業その後・モニタリング …… 52

二部　国境の町・緊張の町　インドと中国、そして独立運動 —— 61

一、ゴカ独立運動 …… 62
二、ストライキの中で …… 70
三、ドラッグ問題——中国の進出と国境の町 …… 86
四、メイド騒動とお化けの住む森 …… 96
五、カリンポン脱出 …… 109

三部　インド医療に救われた命 ―― 115
一、緊急入院、手術へ …… 116
二、インドの医療事情 ―― ＩＣＵの一週間 …… 131
三、空路、転送 …… 142
四、メダンタ病院 …… 156
五、手　術 …… 165
六、インドでの静養・故郷での回復 …… 182
四部　終わりの旅　新たな始まりへ ―― 193
一、ドクター・ナリニー …… 194
二、女三人、終わりの旅へ …… 200
三、宮崎とインド ―― 新たな旅へ …… 215
エピローグ ―― 感謝とともに …… 222

カリンポン地区の概要

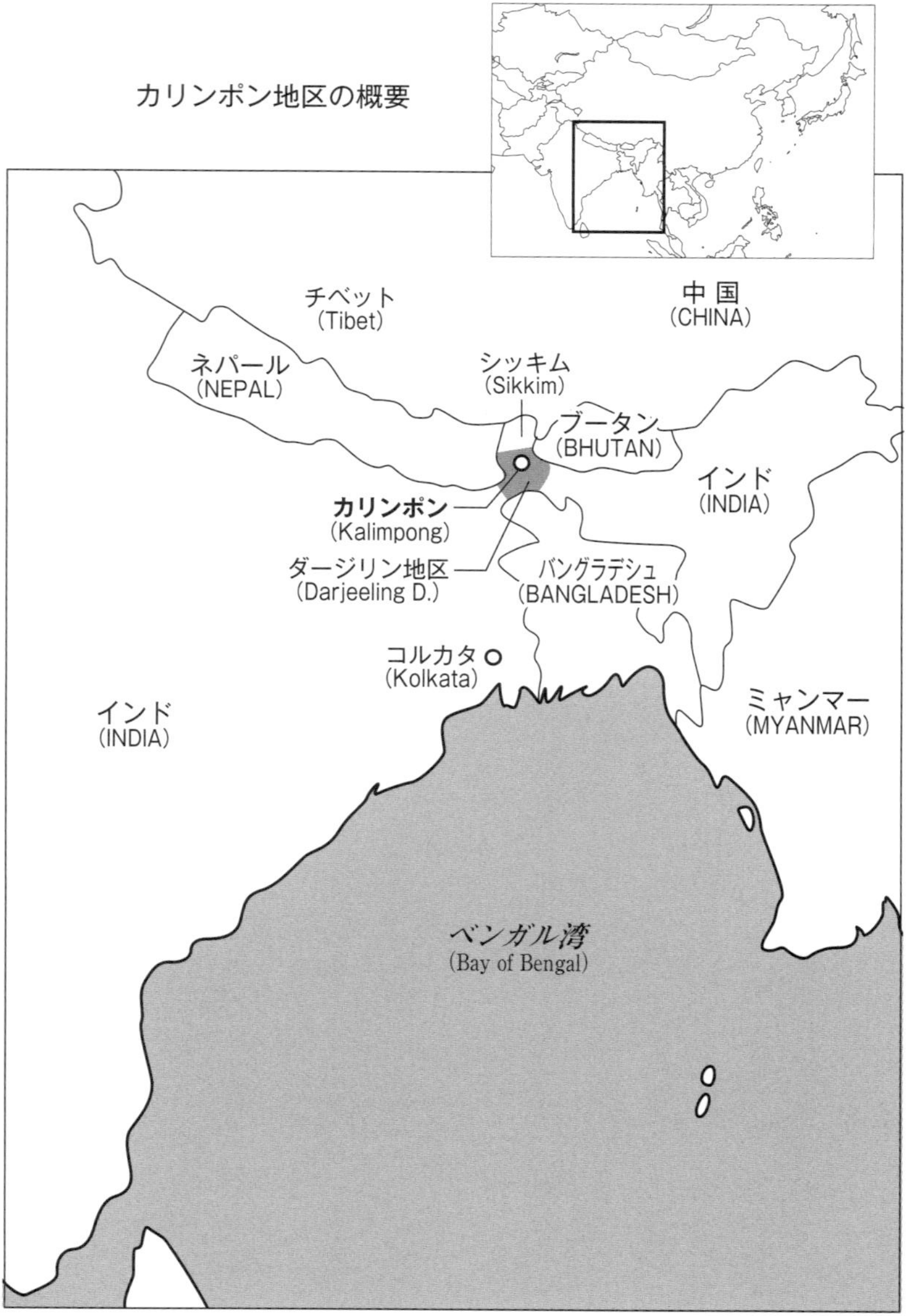

チベット
(Tibet)
中 国
(CHINA)
ネパール
(NEPAL)
シッキム
(Sikkim)
ブータン
(BHUTAN)
インド
(INDIA)
カリンポン
(Kalimpong)
ダージリン地区
(Darjeeling D.)
バングラデシュ
(BANGLADESH)
コルカタ
(Kolkata)
インド
(INDIA)
ミャンマー
(MYANMAR)
ベンガル湾
(Bay of Bengal)

# インドへ導かれて半世紀

ヒマラヤ山岳地プロジェクトの記録

カリンポンの遠景

一部

# 教育・農業・食と健康
# カリンポン、プロジェクトの地

# 一、ドクター・グラハムズホームズ日本委員会

## *1*

落ち着くとわけもなくさまざまな思いが去来する。なぜヒマラヤの山奥を活動地に選んだのか。二八年前、かの地を選んだ時決めた理由は何だったか。

偶然はある意味恐ろしい。その偶然が人の人生まで変えることがあるから。

カルカッタ市の南西に位置する一角に、壮大な緑地帯が広がっている。ここはかつてイギリス植民地時代、イギリス人高級オフィサーたちが、近代ヨーロッパの風にふかれながら、優雅な社交に興じたトリガンジクラブ。海外で初めて作られたゴルフコースがこのトリガンジクラブであり、当時、イギリス統治下で働くインド人エリートたちにとって、手の届くことのない憧れの場、それはこのクラブだったと聞く。

時は移り、一九四七年インドは独立、約三〇〇年のあいだ統治したイギリス人は去った。そのイギリス人が去ったはずのトリガンジクラブに、なぜかインド生まれのイギリス人、ボブが働いている。インド独立以来、カルカッタ市のブルジョア、そう、選ばれた一握りの人間たちが「ト

リガンジクラブ」と記されたゲートから車を乗り入れてくる。

毎朝六時過ぎ、ボブは配りたての新聞を小脇に挟んで、二階の自宅から白い階段を下りてくる。背が高いせいだろう、遠慮がちに背中を丸めている。いやこれは年のせいかもしれない。ゴルフコースを一望するところに置かれた籐椅子が彼の定位置。「この時間がボブとしゃべる最適な時間」と、早朝が苦手な私をここへ引っ張ってきたのは、カルカッタに住む友人のマドーリー。一九八七年二月、カルカッタも冬の季節だった。「ボブがあなたに会いたがっている」と彼女が介した、偶然の出会いだった。

「見事なブーゲンビリアでしょ」。冬というのにクラブハウスを鮮やかな紫色ですっぽり包み込んでいる。そのブーゲンビリアの古木をボブは自慢した。「確か僕より若くはないよ」とブーゲンビリアの話題で始まった会話が印象に残る。

ボブはここぞとばかり、彼が関わる「貧しい子どもたちの教育施設」を熱く語った。やがてボブに教えられたヒマラヤの山奥へ登っていくことになる。

## 2

一九八八年四月、ドクターグラハムズホームズ（ＤＧＨ）の視察に出向くことを決めた。

デリーからバグドグラ空港へは、東へ二時間の飛行。タクシーで牛や羊が草をはむ田園地帯と小さな町をいくつか走り抜けると、二〇〇〇～三〇〇〇メートルの山が幾重にも重なりあう山岳地帯へと上っていく。道は急な山肌を削り、小型車がやっとすれ違うほどの道幅。路肩は所々崩れ落ち、目も眩む深い谷底へ落ち込んでいる。底には、白く濁った急流が渦を巻いている。思わず目をつぶってしまう。一歩踏み外せば命はない。そんな道の端っこに、サルたちが群れて思い思いのポーズで憩っている。肘枕をし、仰け反って悩殺ポーズでこちらを見られては笑ってしまう。緊張の中ほっとするひと時だ。

川沿いに山から山へ、川底のようなボコボコの道を揺られること三時間余り、一〇軒ばかりひなびた店が並ぶ、それでも賑わいのある場所に辿り着いた。

鍾馗《しょうき》様みたいな髭の兵隊が数人、橋のたもとで車と人の検問をしている。車を一台通すごとに手動の遮断機を上げたり下げたりし、退屈そうだ。

私どもが到着すると辺りにいた村人たちが代わる代わる私たちを見物にやってくる。後ろめたいことはないのだが、思わず逃げ出したくなる。遮断機の脇に六畳くらいの掘立小屋でカリンポン入域許可を申請する。つい最近までは、外国人は、二日間の滞在しか許されなかったのだが、二週間に延長されたばかり。運の良さを喜んだ。

しかし、ドクターグラハムズホームズのあるカリンポンが中国との国境に近く、インド軍の基地であることを知っていささか緊張する。吊り橋を渡ると、急な坂道をぐんぐん登っていく。急な傾斜の山肌にしがみつくように建てられた村の小さな家々が見え始めた。家の数が少しずつ増えていく。登っていくほどに家がまばらになり樹々が深くなっていく山のイメージと逆に、ここは賑わいが増していく。

頂上に近づいたとき突然、大きな街が現れた。カリンポンである。学校を終えた生徒たちが、洒落たユニフォームに身を包み、おしゃべりに興じながら、三々五々帰途についている。車の中から街に一人の物乞いも見かけなかった。町を通り抜け、さらに一五分登っていくと、ドクターグラハムズホームズの看板を見つけて安堵した。

グラハムズホームズ学校

デリーを出発して七時間、黄昏時の深い木立の森とまわりを埋める野の草花に疲れを癒される。デリーの喧騒・排気ガスの黒煙と砂埃、焼け付く日差しとは無縁の別天地であった。それでも何と遠くて辺ぴなところまで来たものか。

ホームのはずれ、街を見下ろすゲストハウス（一泊九〇〇円）に荷物を置くと、子どもたちが暮らすコテージの一つを訪ねた。女の子たちが、薄暗いホールで夕べの祈りを捧げている。三〇人くらいだろうか、訪問者を知ると、そわそわ落ち着かない。祈りを終わらせると、人懐っこく寄って来て、「どこから来たの？　名前は？　何歳？」と矢継ぎ早に尋ねる。質問が一段落すると、自分たちのニックネームを次々と教えてくれた。

「キキのママはタイ、パパはネパールにいるの」「午前中教会へ行って、午後は勉強してたよ」「勉強が一番の子はあの子だよ」と、皆一言でも多く話そうと早口だ。

コテージ・アンティ（寮長）が「部屋へ帰る時間ですよ」と告げると、別れの挨拶をして、名残惜しそうに振り返り振り返り、二階へ引き上げて行った。アンティの説明によれば、コテージは全部で二〇棟ばかりあって、全員が衣食住、教育の支援を受けている子どもたちだという。

外に出ると日はとっぷりと暮れ、木々の間から丘の街の灯がキラキラと浮かび上がって見えた。蛍が飛び交い、月の柔らかい光に教会の尖塔が芒ようとそびえ立っている。それはまことに幻想的光景である。

グラハムズ学校の授業風景

## 3

翌朝、校長ミスター・オーコーナー氏に逢った。彼はすでにカルカッタのボブから紹介があったと、強面顔《こわもてがお》に似合わずソフトな言葉遣いだ。子どもたちと各国のコミッティのリストがあるスポンサーオフィスへ彼は案内した。職員二人も加わってリストやカードの説明、記録の内容を自由に閲覧させてくれた。そのあと、校長夫人に付き添われて、授業を見学して回る。保育園、幼稚園、小学校から高校まで幅のある一貫校である。子ども数は一五〇〇人。

教室に入って行くと、全員起立して「グッドモーニング、マム」と挨拶する。子どもたちは、ホームの子か自費通学生か全く区別がつかない。女の子は紺のスカートに赤のカーディガン、上下紺のブレザー姿は男の子。制服は、区別をしないために必要だと校長夫人のコメントだ。

小学三年生の英語の授業を見学した。すでに過去完了形を勉強している。図工、体育、音楽の授業を見学した後、最後は食堂へ足を運ぶ。バラックだが五〇〇人の子どもが一度に食事ができる規模。この時食堂では、幼稚園児が昼食のカレーを頬張っていた。子どもたちの宗教（ヒンドゥー、ムスリム）、さらにベジタリアンに対応した三種類の食事が用意されている。

標高一四〇〇メートル、夏の昼間でも気温三〇度に上がることはほとんどない別天地。美しい自然環境、六〇〇エーカーを持つ広大な敷地。ここが貧しい子どもたちの暮らしの場、なんと恵まれた施設だろう。

その思いはすぐに否定された。恵まれた自然環境とは裏腹に、電力不足による停電、水不足による断水は当たり前。冬と言えど、バケツ一杯の水が使えれば上等。無いない尽くしの毎日がある。山岳地の宿命でもあるが、子どもたちはそれらを不便と感じてさえいないという。

「ここに生活する子どもたちは、ここに来るまで食事さえ満足にもらえなかった子どもたちです。この子らをスタッフの愛情と厳しい躾、また幼児期からの確固たる英語教育で高校を卒業するまでを支える。彼らがプライドを持ち、社会人として生きていける人間に育てる。それがグラハムズホームズの使命です」

校長は力を込めて語った。そして現在、子ども一人に必要な経費は年間六万円だと付け加えた。

そうか、仮に一〇人で一人の子どもをサポートすると、年間六〇〇〇〇円、一カ月五〇〇〇円の負担となる。一人五〇〇〇円で一人の子どもが育つ。そう考えると、思いがけない夢が湧いてくるようだ。決して難しいことではないと思えてくる。むろん、将来インフレーションなど社会の変化によっては、経費がかさむことも当然考えておかなければならないだろう。

一週間の滞在中、子どもたちの食糧を賄う農場、子どもクリニック、縫製工場など点在する施設を見学して回っていると、何だか他人と思えない親しみを覚えた。どうも自分の中で支援の意思が固まりつつあるようだった。

初めてドクター・グラハムズホームズを訪れた三〇年前の記憶である。思い返せば、あのとき地理的利便性は問題と感じなかった。自然環境の素晴らしさ、それも選択の一つ。だが、決め手は質の高い教育であった。貧しい子どもたちには識字教育で十分という考え方に納得していなかったから。識字教育だけではアウトカーストの子どもたちの社会参加は難しい。ドクター・グラハムズホームズ学校は私どもの考えを満たした教育の場であった。

## 4

私どもグラハムズホームズ日本委員会が支援してきた子どもの七割は、マグワイア神父が開設した救護施設「ガンディ・アシュラム」から受け入れてきた。このアシュラムは、グラハムズ学校から山を下りること五、六キロ、カリンポンの街（人口八万人）を通過しさらに一〇キロばかり主要道をくだった急斜面の木立の中にある。開設は一九九三年。このアシュラムは近隣の村で、毎日の食事がままならない農家の子どもたちに三度の食事を用意し、読み書きの学習の場を提供している。

ガンディ・アシュラムについて、私が知ったのは一九九五年二月。ドクターグラハムズの海外代表者会議でガンディ・アシュラムが紹介されたとき。学校として認可されていないアシュラムに、グラハムズ学校が正規の授業を組み込めないか。そんな議論で突き当たるのが資金の問題だった。緊縮財政状況にあるグラハムズ学校の立場を考えると、おいそれと結論が出るはずもない。議論の前に実態を知らないでは話にならない、ということになり、翌日のアシュラム訪問を決めた。

アシュラムのホールには一〇〇人ばかりの子どもたちが集められていた。二月の極寒に裸足である。ゴム草履をはいた子どももいる。五〜一二、三歳くらいだろうか。ヒマラヤの空のように澄み切った子どもたちの瞳。人懐っこい笑顔が私どもを迎えた。どの子もヴァイオリンを握っている。素足の子どもたちにヴァイオリン？　まさか!!　戸惑っていた。そのまさか、の始まりである。創始者であるカナダ人のマグワイア神父は穏やかな表情で、「皆さんようこそ。子どもたちが皆さんの訪問を歓迎してヴァイオリンを演奏します」とタクトをあげた。

モーツァルトの曲が流れだした。一心不乱、ヴァイオリンを弾く子どもたちの姿に視察者の間から感嘆のため息がもれた。

ヴァイオリン演奏は、私ども視察者を説得するに有効なパフォーマンスと言えた。これだけたくさんのヴァイオリンがどうしてここにあるの？　なぜヴァイオリン？　次々に飛び出す疑問。創始者マグワイア神父の母国、カナダの教会が集めてくれた中古のヴァイオリンである。

音楽は身分や言語にボーダーがない。音楽は子どもたちに生きる力を与えてくれる。このマグワイア神父の確固たる信念に裏打ちされたヴァイオリンの指導。

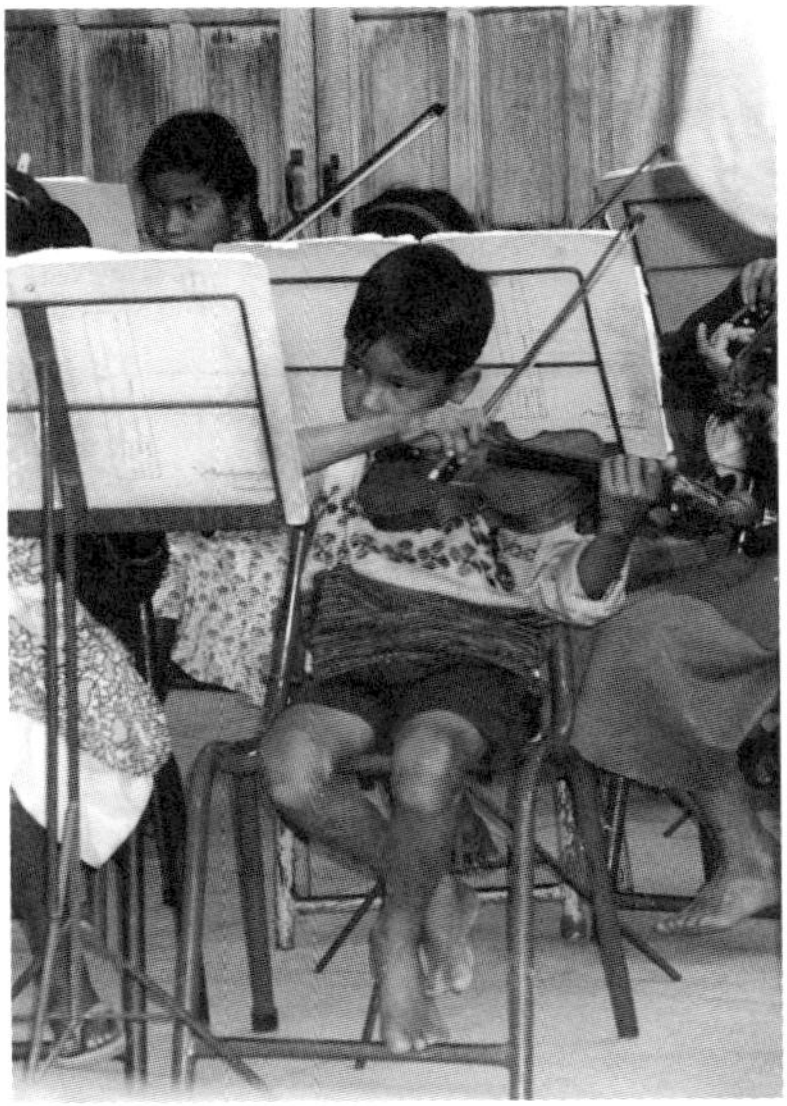

ヴァイオリンを弾くガンディアシュラムの子どもたち

マグワイア神父は何も音楽にだけこだわっているわけではなかった。次なる彼の言葉に、この施設を開設した強い意志が感じ取れる。

「この子どもたちの感覚は、我々の住む環境とは遠くかけ離れたところで形成されたものです。電気も水道も時計も彼らの家にはありません。家族全員が小さな一つ部屋の土間に住んでいるという状態です。私たちは『努力が完全を生む』と言いますが、この子たちは『どう努力すればいいの？』と答えるでしょう。同じように時間に正確であることは、時計がない世界では何の意味もありません。インドでは、貧しい人たちがよい教育を受けることはありえないこと、不要なことと考えられてきました。

私は、長い間に培われたこのような意識を変えること、それが私に与えられた使命と受け入れて、子どもたちと共に暮らしています。子どもたちが、学習を通じて成長し、人間らしい生活を獲得できるように、私たちも子どもと一緒に挑戦を続けます」

グラハムズ学校からの視察者たち（各国委員会）がアシュラムを後にするときは、就学年齢にある子どもたちの受け入れを全員が決めていた。

グラハムズ学校が本格的にヒマラヤ山岳地の子どもたちを受け入れるようになったのは、このときからである。この年、私ども日本委員会はアシュラムから七人の子どもを受け入れた。以来二八年間で高校を卒業していったアシュラムの子どもたちは三〇〇名を超えた。

## 5

インドでも、子どもたちの教育環境は、社会のめまぐるしい変化に翻弄され、揺れ動いている。子どもたちのいじめ、家庭内暴力、自殺、殺傷、この事象は何も日本だけではない。ＩＴ産業において世界有数の頭脳集団ともてはやされているインドでも、同じような悲しい事件は多く発生している。

エリート校がひしめき合う大都市は、学校間の競争は凄まじく、急速な経済成長に伴う富裕層拡大に呼応するようにスクールビジネスが跋扈《ばっこ》している。一二年制の私立学校、デリー・パブリックスクールはインドで平均学力一位の座を長年にわたって維持している。今年一年生に入った五歳の幼い子が「ぼくデ、パ、スに入ったんだ」と自慢する。周りの大人の期待に応えて合格した誇りで、幼い心はいっぱいなのだ。

多分、彼は低学年でいる間は誇りを維持しつつ幸せな学校生活を送ることだろう。しかし一〇年生と一二年生になると、インドでは全国一斉実力テストという関所が待っている。エリート校は並《な》べて一〇年生の統一テストで下位およそ三〇パーセントの生徒を学校から追い出し、そしてその数を埋めるのが他校から迎えられる特待生。エリート校のレベル保持のトリックなのだ。我が子を勝組に入れるため親は必死。昼は学校と塾の往復、夜は家庭教師。一日中勉強で縛り上げられ、追い込まれた子どもたちの悲鳴は、突然家庭内暴力や自殺の形で表出し社会を驚かせる。

西ベンガル州カリンポンの私どもが支援する学校福祉法人、ドクター・グラハムズホームズ学校も当然ながら統一テストの重圧に晒されている。福祉法人の学校とはいえ、一五〇〇人の生徒のうち授業料を支払っている子どもたちが半数いるわけだから学校全体の学力維持を無視するわけにはいかない。理事会も教職員もその狭間で苦悩している。かれこれ一〇年前のことになるが、新学期を前に一年間の教育方針を決めるとき、ついに不協和音が生じてしまった。

教職員側から学力アップを目的とした改善を要求してきた。生徒に課せられている祈りの時間を勉強に充てるべきだ。寄宿舎の掃除や庭の手入れ等から子どもを解放して学習時間をもっと確保すべきだ。など。しかし理事会は譲らなかった。子どもが生きていくのに必要な教育は削らない。寄宿舎は家庭であり、暮らしに必要な基礎を学ぶ場所、祈りの時間、すなわち倫理の時間、人間の生き方を学ぶ時間でもあると、断固とした姿勢を貫いた。あのとき理事会が迎合していたならば、おそらく私どもの支援もあの時点で終わっていたかもしれないと思う。

その次の年（二〇〇八年）、インドで最も読まれている新聞の一つを発行しているテレグラフ社が選ぶ「先駆的学校賞」を受賞した。教育養育事業とその水準の充実度、さらに環境と園芸の授業を組み込んでいること、雨水を有効利用した水道施設などの取り組みが評価された。

少し前になるが、あるボランティアが体験記を寄せてくれた。彼は東京のある大学院に学ぶ合間にＤＧＨで、子どもたちと共に過ごした。その経験を記している。その一部である。

「ＤＧＨの子どもたちは、しっかりと躾されていて礼儀正しく、また同時に子どもらしい愛嬌や明るさが溢れており、教室には規律と自由、もしくは真面目さと遊び心がうまく共存していました。近年日本では学校崩壊の話をたびたび耳にするようになりましたが、ＤＧＨに関しては同様の心配は全くなさそうで非常に好感を持ちました。

ＤＧＨは恵まれない子どもたちや孤児となった子どもたちを対象にしていると伺いましたが、最終的には多くの生徒が英語を流暢に話し、大学に進学する子どももいると聞きました。人間的にも豊かに成長していくことは、自分の目で十分確認できました。

ＤＧＨの成果は、子どもたちの成功もしくは不成功が決して彼らの能力だけによるものではなく、多くの社会的、経済的制約によるものであること、それが支援によって、多くのそのような恵まれない子どもたちの未来を変えることができるということを、如実に体現していると思いました。そして児童教育分野における開発援助の一つの成功例として希望を与えてくれる学校であると思いました。」

訪れたスポンサーの人たちと
談笑する子どもたち

## 6

ＤＧＨ高校を卒業して巣立った子どものうち、およそ四二〇人は私ども日本委員会の子どもたちである。子どもたちはさまざまな分野でしっかりと地に足をつけ、立派な社会人となっている。園芸が好きだった子どもは公園管理の仕事に、子ども好きな子どもは保育士への道を、ヴァイオリンで全国優勝した子はムンバイのジュニアオーケストラで活躍するなど、子どもたちの人生はさまざまである。

〝JAPAN〟の文字は子どもたちにとって特別なもの。サッカーだってオリンピックだって、日本の応援に熱が入る。私どもの支援活動が十分なものとは言い難い。にもかかわらず、子どもたちはしっかりと地に足をつけ立派な社会人となっている。それぞれの選択肢が大きく広がったことは言うまでもない。

しかし、ここで言っておきたいことがある。確かに子どもたちが学校生活を送る間は恵まれた環境でそれぞれの夢や希望をふくらませ充実している。ところが、社会人として自立する段になると事情は一変する。厳しい現実の壁が彼らの前に立ちはだかる。身分の壁である。当然選択肢が狭められ、その上ハードルを下げなければならないことになってしまう。

スバシという青年がいる。一〇歳から私どもの子どもとしてDGHで学んだ。いつも成績は四〇人中一〜二番、勉強を頑張る子どもだった。その彼の熱意に応えて、会員の有志数人が基金をつくり大学、大学院までの学費を調達した。彼は生物工学を学んだ。彼の希望では生物分野のリサーチセンターかもしくは農業分野の政府機関で働きたかった。卒業以来、就活は長年に及んでいるが、次第にその望みが叶うのは薄れてきている。出自が左右するインド社会の体質は今もそれほど変わっていない。

スバシはカリンポン生まれ、父親は道路工事の人夫として働いていた。三歳の時父親の暴力に耐えかねて家出。歩いて一時間ばかりの街で路上生活を送っていた。六歳のときマグワイア神父によって救護施設、ガンディ・アシュラムに収容される。衣食住に加え識字教育とヴァイオリンを学びながら過ごしていた。彼の好きな曲はビバルディ。

グラハムズ学校に学びながらヴァイオリンの練習をする子どもたち

自分のハンディはものともせず、たくましく成長してきた。
正直なところ、彼によほど突出した能力でもあれば、就活もたやすく運んだに違いない。しかし、優れた若者が吐いて捨てるほど多いインドでは、並みの頭脳と並みの学歴では、自分が目指す仕事に就くのはすこぶる難しい。ましてや身分の低い者にとっては尚更のこと。今、彼は学びを深めたゆえの苦悩も背負いながら、それでも突き進もうともがいている。
今、スバシはシッキム特別区において、オーガニック農業のアドバイザーとして働いている。

# 二、地域園芸振興プロジェクト

*1*

二〇〇五年、教育事業に加えて新たにＪＩＣＡと民間のパートナー事業、地域園芸振興プロジェクトをスタートした。カリンポン地域の農業発展、経済の活性化を目的とした事業である。おそれ多くも大袈裟な目標である。

一九九七年にさかのぼる。私どもは、グラハムズホームズ学校の子どもたちが園芸や農業を学ぶ施設を作った。

学校に受け入れる子どもたちは、何らかの選考を経て入ってくるわけではない。貧しいということだけが条件だ。それゆえ、勉強に熱中する子もいれば、その逆の子も当然いる。性格も関心の向きも十色である。子どもの将来の選択肢を考慮すれば、アカデミックな学習だけでは十分ではない。そこで、ここの地域性と冷涼な気候を生かした花や野菜の栽培を学べる機会を子どもたちに提供したかったのである。

一九九七年秋。交渉事が苦手な私は、現地人の園芸指導者を育てたいという必死な思いに押されて苦手意識のある宮崎県庁に足を運んだ。

当時、時代の流れに合わせ「国際交流課」ができていた。おずおずとドアを開け部屋に入ると、「課長さんにお会いしたいのですが」とドアに近い職員にそう告げた。女性の課長だった。上原課長はアポなしの訪問者に当惑の表情も見せず、私の話に耳を傾ける姿勢に緊張がほぐれた。話が本題に入ると、彼女はデスクから前方に出てきて、自分のデスクを背にそれに腰を持たれかけ、私と対面した。「実は民間の研修者を県が受け入れた前例はないんですよ。でも考えさせてください」。彼女の返答だった。長めのフレアスカートを装った笑顔美人の課長に柔軟性を直感した。

間もなく、グラハムズホームズ学校枠の若者が宮崎県の海外研修制度に加えられ、延べ五人がその機会に恵まれた。民間に門徒を開くこの新しい試みは、NGOに大きな希望をもたらした。さらに、この農業試験場を退職した高橋英

熱心に日本の専門家の話を聞くインドの専門家

咲き誇るスイートピーと見学者

夫氏と河野喜幸氏の二人がカリンポンを訪ねてきてくれて、講義をしてくれたり村々を巡回して農家にアドバイスをしてくれたりした。このようにして、現地には宮崎県農業試験場で学んだ技術を実践している現地人職員たちが生まれていった。

建設中のテクノロジセンター（JICAプロジェクト）

やがて、花や野菜の栽培は村の人々の興味を引くところとなった。山道を徒歩で二時間三時間かけて見学にやってくる人々の熱意。自分たちに農業の技術を教えてほしいという要望は強くなるばかりだった。

考えてみれば、生活習慣の違い、文化の違い、根強く残る因習などいくつもの堅い壁をどう乗り越えていくか、自信はなかった。しかし村々の熱意に押され、勇気のいる挑戦を決意したのだった。

私どもの活動を進める過程には、次々にさまざまな壁が立ちはだかってくる。そして、乗り越える度にかべ物語が生まれる。ここに記すのはその一つ、この宮崎県の勇断がカリンポン地域の開発プロジェクトへと繋がり、ＪＩＣＡプロジェクトへ波及し、大きな果実に成長した話である。

## 2

かつてイギリス植民地時代はダージリンの食糧基地であったカリンポン。山岳の急傾斜地におよそ一〇〇の集落がある。そのうち五八村、延べ三六〇人の若い農業者たちが研修に集まった。山岳地帯という立地条件は小規模と非効率な作業が重なる農業。希望など持てるはずもない。かといって村を捨てることもできない。多くはそんな狭間に身を置く人たちである。研修はそれぞれが希望する期間、三カ月から二年を選択、研修を受けて自分の農地に戻り実践に活かす。

研修を始めて三年が経過する頃になると、目を見張る成果を実証する者たちが現れるようになった。花卉《かき》栽培で一躍成功した者。トマトで年収が三倍になったと喜ぶ農家もいた。

成果をあげる農家があちこちに見え出すと、研修応募者も増えてくる。それは正直うれしい。研修生なしではプロジェクトは進まないのだから。ただ、良い面ばかり語っておれない。というのも、日々研修で村の若者たちと接していると、時々鬱積した重い空気を感じる時がある。一見平穏に見える村の暮らしも、地域の決め事や人間関係の煩わしさがある。そこから逃避したい思いが見え隠れする。そんなことはどこにでもある。当たり前と片付けてしまうこともできる。何せ、永々と続いてきた複雑な宗教的因習や身分序列が図太く横たわっている。何処も外から見るほど単純ではない。

接ぎ木の実演

研修での講義

しかし、今の時代に生きる若者たちにとって、それは息苦しい。逃げ込むようにテロ集団まがいのゴカ・アーミーに走ったり、あるいは都会に居場所を求めて出ていく者たちもいる。もちろん、都会に出ていく人たちはこの若者だけとは限らない。現金収入の少ないこの地方のこと、家族の生活を支えるために、やむを得ず、都会へ出稼ぎに行く人たちも、もちろん多い。

ともかく、私どもは、村に内在する不満や不公正から目をそらして、技術移転だけやっておればいい、と割り切れない。住み心地良い環境は誰にとっても望ましい。私どもは努めて時間を見つけ、村を訪問し、雑談から村の様子を聞き取るように心掛けた。

同じ集落の中では、口にしたくないこと、周りの人に問うてみる勇気がない、そのような村人の

農業巡回指導。車座になって課題を話し合う。

思いに耳を傾ける。声は機会を見て、研修の中に投げ込んでみる。それが意外にも共通話題として盛り上がり、良い成果を見ることがある。時々発生するドタキャン欠講が、ありがたく思える時だ。互いに遠慮せず意見をぶつけ合い議論を深めていく。それは他でもない、彼ら自身のためになることだから。第三者の立場では確信の持てる指導は難しいが、多角的なものの見方や考え方を示唆することくらいはできる。

研修では、面白いというか痛快な場面も目にすることがある。研修生の中に、講師陣より実践においてより専門性の高い人物が現れたりする。養蜂歴一五年とか、趣味が興じてラン栽培二〇年とか、彼らの技術と経験は、講師もたじたじになるほど経験に裏打ちされた確かなものである。貴重な人材である。何しろ講師の先生方は実践に乏しい。残念なことだが、身分制度の名残である。インド社会では、土をいじる職業は低い身分の人と決まっている。それゆえ、修士や博士の学業を修めた人は、栽培実験など、作業助手にやらせて、自分は過程を見るだけか、報告を聞くだけ、机上の論文で役人になった人たちである。

ある日、昼食の休憩時間に、研修生の一人がこんな話をしてみんなを笑わせていたことがあった。彼の家はビッグカルダモンを栽培する農家。ところがここ五、六年前から病気が入って、収穫が半分に落ちてしまっている。ビッグカルダモンは、標高二〇〇〇メートルの高山に育つ、大変高価なスパイスだ。病気は農家のさまざまな試みにも終息することなく広がった。困った農家の人たちが、農業試験場に相談すると、専門家がやって来た。お茶で一息入れた専門家は、「さあて」と立ち上がり、「ビッグカルダモンの木は何処ですかね?」と辺りに茂る木立をおもむろに見上げたのだ。これを見た村人たちは、腰が砕けたのだという。これじゃ話にならない、と。

ビッグカルダモンは、木立の間の日陰に生え、茗荷によく似ている。たくさん固まった茎が土中から立ち上がり、根元の地面すれすれのところにぼこぼこと花を咲かせて種となる。ショウガ科の多年生植物である。得てして、このような専門家は農業の分野で少なくない。農業の専門家が信用されない悲しさの理由がそこにある。インドならではのおはなしである。

3

ところで、私どもの研修が三年目になってくると、研修生の中に花卉や野菜で成功する者が何人か出始めた。これらの元研修生を講師として迎えないともったいない。そう思うようになった。実践者の経験には、裏付けされた確かさがある。

シュシュマは三十歳を過ぎた主婦。珍しく意見をはっきり言える女性である。食品加工部門の責任者であり、後には、私どもの次の活動となる味の素「食と健康プロジェクト」のアシスタントに起用された元研修生である。

豆腐作りの研修を彼女は受け持っている。日本式豆腐の作り方をカリンポン方式に改良したのがシュシュマだ。このダージリン地方では大豆の栽培は結構盛んであった。納豆文化が古くから伝わっていた。ただ近年、若者の納豆離れが進み、大豆の生産量も落ち込んだ。納豆に代わる食品として登場したのが豆腐。簡便で作りやすいのが特徴だが、日本人の口にはパサついてあまり美味しくない。しかし、もともと豆腐の味を知らないこの地方の人々の間では好評である。

シュシュマは、柔らかい薄手の綿布を四、五枚手にして出勤してきた。わざわざこの布を持ってきたのは、豆腐作りの研修の場を借りて、地域社会の仕組みについて少し触れたいのだという。彼女の話を要約するとこうだ。

これらの布は、国から貧しい人たちに配給されるはずのサリー（着物）である。それがなぜか市中で売られている。このサリーを街中で買う人たちは、着るためではない。裁断して台所の布巾として、またチーズやバターづくりの漉《こ》し布として使っている。シュシュマが広げて見せてくれた布は、肌触りの良いガーゼタイプのサリーである。今日、豆腐作りの絞り布として使うという。貧しい女性たちに支給されるサリーが漉し布に。それってどういうこと？　素朴な疑問を感じてもらいたい。

ともすると、インドの国は貧困層の多さに悲鳴を上げているだけで、何の手も打てないでいる、と思う人が多いだろう。さにあらんや、このサリーのように、貧しい人たちには衣類の配給から、米や小麦粉など食料の支給、妊婦への補助金、栄養食品、果ては、受診のための車代、新生児へのサポートなど、きめ細やかなセーフティネットが用意されている。国民の生きる権利に広く応えようとしている。残念なことに、この差し伸べられたセーフティネットが末端に届かない。そこがインドの問題なのである。

末端の人々は、自分たちにセーフティネットが用意されていることをまず知らない。知らされていない。彼らは身分の低い、ほとんどが文盲の人たちだから。何によって遮断されている？それは役所と貧困層の間に介在する地域役員制度である。地方の細かく区切られた地域には、それぞれ五人の委員がいて、その人たちによって地域の運営がなされる。この人たちが、住民と役所をつなぐ役割を受け持つ。設置当初、この制度がよく機能し、村や地域の発展に有効な制度だと海外でも評価され、紹介されたことがあった。ことに文盲の多い地方では、彼らが国勢調査の役割まで引き受け、住民の戸数、人口、貧困者の戸数、人数など彼らを通して役所に申告される。インドの人口の割り出しにも、重要な仕事を果たしてきた人たちである。彼らは地域で発生する問題や災害時の対処、地域のインフラまで深く関わってきた。カリンポン地方では、今も地域役員制度は健在である。

ところが国の貧困層に対する補助が手厚くなってくると、地域役員の人たちも次第に〝利口〟になった。セーフティネットのシステムをよく勉強している。貧困者のリスト作り、支給される金額、物資などの関係諸手続きは、彼らの手中にある。代理者として受け取ると、そのほとんどを業者に売り渡す。少々の手間で確実に現金が地域役員に落ちてくる。彼らに搾取者的後ろめたさは微塵もない。それというのも、貧困者は犬か猫くらいにしか映っていないから。たとえ誰かが「この泥棒め」と怒鳴ったとしても、彼らにはどこかで聞こえる空言でしかない。

シュシュマは、研修を受けている仲間もこのことを知る人は少ないと思う、だから共有したい問題なのだという。知ることは大事だ。大勢の理解が深まれば、一人で上げられない声も、そのうちまわりを動かすようになる。元研修生が受け持つ講座には重みがある。

## 4

研修を受け持つ講師たちのモチベーションも自然上がってくるというもの。それにも増してありがたく思ったのは、呼応するような現地政府農業機関の協力だった。講師派遣はもちろんのこと、私どもが日本人技術者による野菜、花弁栽培の教本をつくると、現地政府機関は現地農作物の詳しいデータに基づいた現地版教本を作製して、無償で提供してくれた。もうひとつ例をあげれば、パソコン。農村の青年たちにこそ、これからの時代ＩＴ活用は必ず必要になってくるだろう。農業の可能性を伸ばすためには何としても研修に組み込みたかった。予算はなかったが、研修に特別枠をつくって始めたいと、思いは強くなった。

このパソコン研修を可能にしたのが、グラハムズ学校の協力だった。二〇〇七年、学校も必要に押されパソコンセンターができたばかり。ＩＴの専門教師を雇い入れ、中・高生の指導が始まった。学校のカリキュラムの都合で、パソコンセンターを使用するのは午後からになっている。おそらく、校舎とパソコンセンターの距離が徒歩一〇分と離れていることがその理由と思われた。

親しくしている学校の理事を通して、ダメもとでＪＩＣＡプロジェクトのパソコン研修について相談してみた。意外にもあっけなく快諾。空き時間の有効利用だと、むしろ有り難がられた。諦める前にぶつかってみるものだと、つくづく思った。

パソコン三〇台と指導者付き、気持ちだけの使用料。とは言っても予算なしの私どもには、いっぱいいっぱいの感はあったが。

しかし考えてみれば何と運のいいことか。学校の好意でプロジェクトのパソコン研修が始まったのである。午前一〇時から午後一時まで、教師は研修生個々の能力に合わせたスケジュールで進めてくれたのである。

結果、私どもは、一人一四〇時間のパソコン研修を提供することができた。ところが、パソコンを持たない研修生には宝の持ち腐れとなりかねない。頭を抱えていた。そこへ、一日パソコン講座を政府農業機関が開催した。講座が終わると新品のパソコンが受講者に無償で与えられたのである。太っ腹で粋な計らいをやってのけてくれた。脱帽である。政府機関は農村や農民に対する補助金を持っているそうだ。その使い道は責任者であるトップの裁量に負うところが大きいという。カリンポンの政府農業機関は真面目なトップと職員が揃っていた。

研修を受けた農業者たちはパソコンを農業経営に活かし始めた。生産物の直接販売のツールとしても使った。また更なる知識の習得にも有用となった。仲間同士の横断的情報交換等あげればきりがない。

横断的情報交換とも深くかかわってくることだが、研修ではさらに重要な課題が浮かび上がってきた。それというのもこの辺境地の農家がこれまで苦しめられてきたのが、中間業者による庭先取引であった。生産物を安値で買い叩く。現金を目の前でちらつかせられると農家は弱い。せっかく良質で生産量を増やしたとしても従来どおりの取り引きをする限り、中間業者を肥らせるだけ。あるのは絶望である。

納得のいく正当な価格で生産物を売りたい。当たり前の声は大きくなった。生産したものを自分たちが設定した値で自分たちで売る。組織作りが始まった。ミーティングは月一回。研修生で、主旨に賛同する者はだれでも参加できた。しかし建設的意見は盛んに出るのだが、何せ、まとまるのが苦手なインドの人たちのこと、激論の末、毎回振り出しに戻る。無駄な会合は延々三年も続いた。教育レベルが高い低いにかかわらず、それぞれが持論をとうとうと述べる。それだけならいいが自分と違う意見、ことに自分に少しでも不利と思われることを受け入れることは難しい。組織にとってのプラス面を考えない。妥協がないのである。どうもインドの人たちに組み込まれた遺伝子のせいとしか思えない。ただただあきらめない、忍耐の日々であった。

最終的には忍耐強くミーティングを持続してきた四〇人ばかりで規約を作り上げた。次いで役員、運営員も決まり仮店舗も確保すると、会員の積立金や出資金の運用も始めた。組織の名称はすんなりＪＣＫ（Jica Cooperative Society of Kalimpong）に落ち着いた。

プロジェクトは終了するまで、入念な計画書に基づき、日本人スタッフと現地職員、双方の連携と努力でほぼ計画に沿って推移するものだ。要は、終了後も中断、挫折することなく継続しているかどうかが問題である。なぜなら効果が持続していれば、プロジェクトの正統性と有効性が実証されるわけだから。

## 三、味の素「食と健康プロジェクト」

### *1*

八年に及ぶ事業も終わりに近づいた。不思議なもので一つをクリアすると次の課題が浮上する。農業の技術指導を進める過程で、私たちは農民の健康問題に向き合わざるを得なくなった。厳冬の山岳地、温かな衣服や満足な夜具も少なく、森で集めた薪が、唯一の暖房手段である。

男衆は暖を取るために地酒を飲む。ところが、地酒を飲んだ働き盛りのお父さんが突然死する。村人にとって、冬は験《げん》が悪い悲しみの季節である。彼らに基礎的な医学と食に関する知識を普及できないものか。研修受講生の重なる不幸な死を前に見てみぬふりが忍びない。そんな想いが強かった。「付き合いのついでに次の事業に」というほど簡単な課題ではない。専門性も求められる。あれこれと思いを廻らせていると、退官して間もない友人たちがいた。主都デリーに住むドクター・アシャ・シンとハルミート・ラトラの二人である。

そもそもこの二人は、デリーの医科大学の同期である。その時代、その医科大学は全寮制になっていた。ハルミートの父親は、娘を寮に住まわせているのが心配で一年で彼女を連れ戻し、家政大学へ入れ替えた。医科大学で親しくなっていたアシャとは、それ以来の付き合いということになる。ハルミートは私が活動した大学の同僚。一緒に働いた一人であった。すぐに彼女を介してアシャを知った。それは、はるか昔、半世紀以上前のはなし。

ハルミートとの出会いについて続けると、それは、一九六六年のことである。まだ強烈な日差しが残る九月中旬、私は赴任地レディ・アーウィン大学に着任した。ＪＩＣＡインド事務所はインド日本大使館に間借りして開業したばかり。初代所長の八坂さんが赴任地の大学まで私を送り届けてくれた。

インドの首都デリーはうっそうとした森の都。道路の両側に規則よく植えられた街路樹。大木は思いのままに枝を広げ、重なり合ってみどりのトンネルを作っている。レディ・アーウィン大学は街の中心からオールドデリー寄りにあった。最高裁が鼻先にある。校内まで続く芝生の広場に添うように赤いレンガ建ての校舎が横たわっている。落ち着いた佇まいが歴史を感じさせた。簡素で薄暗い学長室へ入ると、ひんやりとして心地よい。分厚い壁のせいだろう。少し黄ばんだ髪を結いつめた初老の学長はにこやかに迎えてくれた。引き渡しの挨拶を済ませると所長は帰って行った。入れ替わるように若い三人の女性が訪れた。前もって連絡がしてあったのだろう、学長は、「皆さん同じ年ごろですよね。今日から日本人のスギモトがあなたたちの栄養科のスタッフに加わります。きっといい同僚になりますよ」と私を三人に紹介した。その中の一人が唐突に声をあげた。「学長！　私この人知っています。私が幼い頃出会った日本人です」と。一瞬何を言っているのか訳が分からず当惑した。「私インドに来るのは初めてです」と繰り返したのを覚えている。私を知っていると言い放った女性、ハルミート・オジュワ（旧姓）……。

インド南西部のパンジャブ州ジャランダー村でハルミートの父は生まれた。パンジャブ州は小麦とマスタードなどの穀倉地帯。シーク教総本山、ゴールデンテンプルに程近い。とりわけシーク教徒の多い地帯である。この地方の地主の跡取り息子として一九〇一年に生を受けた。デェラドンの大学へ学びイギリスの植民地下、鉄道会社に就いて村を離れた。一九四七年イギリスが引き上げた後、ハリアナ、パンジャブ方面、国鉄CEOとなった。以来、出世コースを歩くことになる。まじめで有能な仕事人として植民地時代から、その能力は認められていたという。

ハルミートが子どもの頃を思い出すとき、まず厳しい父の姿が蘇る。それほど父は威厳に満ちていた。兄弟の誰も父の部屋には近づかなかった。呼び止められて説教が始まるのを回避していたというのである。

それでも突然声がかかるときがあった。「出掛ける支度をしなさい。今日は西洋レストランに皆を連れて行こう」。実のところ、食事に行くぞ、と父が号令をかけても、「やった！」と子どもの誰一人喜ばない。どうせイギリス式の食事作法のレッスンになるに決まっている。緊張でおいしい料理の味も楽しめない。疲れ果てて帰宅する自分たちの姿が思い浮かんだ。どうみても愛情表現が下手な父親であった。ただ、家族連れで外出するとき、父は決まってハルミートの手を取って歩いた。それもなぜか得意気に。ハルミートは一人娘。握りしめる父の手はあったかく、幸せなときだったことを覚えている、と話す。

母親は、父と同じパンジャブ州の生まれ。インドでは珍しく百歳の長寿に恵まれた。忍耐強くただ優しい女性だった。その母が生涯を終える前、胸に封じ込めていた思いをハルミートに語った。「私は七人の子どもを産んだの。そのうちの二人の赤ん坊は元気な産声をあげてすぐに死んだ。産婆が殺したの。姑の言いつけでね。あなたが生まれるときは、たまたまお父さんが在宅だった。お父さんは女の子を欲しがっていたから、あなたが生まれてとても喜んだのよ」と。ハルミートは七〇歳近くになって、自分が両親にとってかけがえのない娘であったのだと、感慨が胸に湧き上がったという。

さて家族が住んでいた父の官舎は、イギリス人CEOが残していった大きなバンガロー。広大な敷地には美しい庭と五〇本はあると思われるマンゴー林があった。サーバント、メイド、庭師など使用人だけでも一〇人以上。大世帯であった。そして、暑い夏の季節がやってくると、家族は冷涼なヒルステーション、シムラに移った。

イギリス統治時代、夏の間政治の場所がデリーからシムラに移されたといわれる。当時シムラは「つわものどもの夢のあと」、イギリス人が去り、インド人に移行する時期であった。というより、憧れのイギリス人の暮らしをインドの人たちが手に入れた時であった。

ハルミートの家族が住む別荘と道を挟んで、向かい側の屋敷には日本人家族が避暑で訪れていた。同じ年ごろに見えるおかっぱ頭の女の子が、毎日一人遊びに興じている。それを見つけたハルミートの小さな胸は躍った。きっと、あの子は私の友だちになってくれる。神様が連れてきてくれた女の子だと思った。「私、ハルミートって言うの。ねえ、一緒に遊んでくれる？」と女の子に近づくと、その子は何も言わず、はにかんで門の内へ消えていった。来る日も来る日も同じことの繰り返し。遊ぶことは叶わなかった。この情景はハルミートの心に強烈な印象を残し続けていたようである。

学長室の応接席に不安気に座る若い日本女性を見たとき、昔遊べなかったあの少女の面影がピタリと重なった。「ああ、この子だった。私が幼い頃出会った日本人」。思わずハルミートの口からほとばしり出たのも無理もない。

## *2*

こうした出会いから四五年経っていた。彼女らがおよそ四〇年間の大学での勤めを終えて間もない頃だった。「サクヨの仕事を見届けに来た」と二人ははるばるカリンポンへ登ってきた。ヒマラヤの絶景に心が洗われる、と感動して喜んだのもつかの間、いざ村の訪問に同行させると、ひどく心を痛めていた。このうち捨てられたような辺境地の貧困を目の当たりにしたのである。紛れもなく、ここもインドなのだと。

そうだ、彼女らはこの地方の厳しさを知っている。「ダメモト」精神で彼女らにぶっつけてみることにした。「あなたの頼みだったら断れないでしょう」とあっけない快諾。え、ほんとに大丈夫？　正直言って信じられなかった。彼らの気質を知っているだけに。理路整然、検証して結局無理ね、となるに違いないと踏んでいたから。

研修用につくった３冊の教本

善は急げ、驚いたり感心したりしている暇はない。早速実施計画書や予算案も急ぎつくる必要があった。何よりかかる資金をどうするか。頭を抱え憂うつなときを過ごしていると朗報が届いた。応募した味の素株式会社の「食と健康」国際支援の助成が決まったのである。何という好運。

有り難いサポートに支えられて「食と健康プロジェクト」のスタートとなった。

大きなターゲットは三つ、まず農家用「食べものと医学に関する初歩知識」の本づくりから始めた。ネパール語と英語の二言語、二〇〇ページを二〇〇〇冊。村の各戸に配布する。

二番目の目標は一二の村のリーダー的女性たちおよそ五〇名を集める。医学や食の基礎的知識と実習の研修を提供する。二年でおよそ一〇〇時間。研修を受けた彼女らは知識を村の内に普及させる。それが狙いである。受講者が最も喜んだ研修は何だったか。意外にも自宅出産の介助実習であった。聞けば八割方が自宅で子を産んでいたのである。

Dr.アシャ（右）とMrs.ハルミート。
プロジェクト協力者の二人。

さて三番目の目標は村々を巡回する医療キャンプ。さばききれないほどの患者が集まった。急傾斜の村を目指したとき、あまりの山肌の険しさに足が竦《すく》んで進めなかったドクター・アシャの姿も印象に残る。印象深い、といえば私どもスタッフを感動させることがあった。巡回医療キャンプを積極的に支え、プロジェクトを成功に導いた陰のサポーターである。それは現地の州立病院。ナースの派遣と薬の提供を無償で引き受けてくれたのである。公立という立場にもかかわらず、その柔軟な対応と協力に感激した。同時に彼らがオーナーシップを持ってくれたことでプロジェクトの持続にも繋がった。

はるばるデリーからやってきた助っ人、ドクター・アシャとハルミートの二人。大都市の大学で教えていた環境と全く違う世界を体験しながら、私どもの二年間のプロジェクトを支えてくれた。

### *3*

ダージリン地域の山岳地で取り組んだ「食と健康プロジェクト」は、多くの人にとって山岳地の暮らしの厳しさをあらためて味わうとともに実り多い貴重な経験であったに違いない。次に紹介するのは、私どもの機関誌「りぞーむ」に掲載された、「食と健康プロジェクト」にかかわった人たちの体験レポートから、二人のレポートである。

まずは、アシスタントの一人となった現地の主婦、シュシュマのコメントである。

「カリンポンの町は大小さまざまな村々が関係しています。私は味の素プロジェクトのアシスタントとして多くの村々を訪問する機会を得ました。健康と栄養について知識を広める活動をしています。

異なった村々を訪問することはとても興味深いことで、私たちは村人に健康についての多くの知識を与え、健康についてデモンストレーションを行っています。

同時に、私たちはそれぞれの地域で異なった食習慣、生活習慣があることも学びました。また我々の周りの生活や暮らしから、課題も知ることができ、このことは、将来の私たちの活動の質を高めることになります。

私たちの村々へのアプローチは実り多いものであると信じます。私は活動をとても楽しんでおり、もっと村々を知りたい好奇心が増しています。

このプロジェクトを考えた人たち、私たちの近隣地域の人々にこれらの知識を広め学ぶ機会を与えてくださった人たちに大変感謝しています」

次は、ドクター・アシャから寄せられた感想である。

「村の人々が純粋にこのメディカル巡回指導を必要としているのを強く感じました。託された信頼に感謝しながらの診療でした。道中険しい山道で大変でしたが、それを打ち消すほどの成果があったと思います。

研修では熱心で前向きな当地の女性たちを頼もしく思いました。彼女らは村で大切な存在になるのは、間違いありません」

# 四、パートナー事業その後・モニタリング

## *1*

二〇一五年四月下旬。

私どもの事業地、カリンポンまで丸二日を要する。歳のせいにしたくないが、このところ気合を入れないと旅への気力が湧いてこない。とはいえ、そろそろ二回目のモニタリングにでかけなければならない。国際協力機構（JICA）パートナー事業を完了して二年が経つ。成果を定着させるべく努力を続けている現地の人たちがいる。メールで進捗状況の把握はできていても、やはり顔を突き合わせると、彼らのモチベーションも数倍増すというもの。時宜を得た励ましの応援訪問を決めた。

夕方五時、カリンポンに到着。プロジェクトの後半の四年間借りていた家、ミセス・シャイニー所有の家に着く。今回、短期間滞在にもかかわらず、彼女の好意で心よく一軒家を貸してくれた。本当に有り難い。この家の利点は、セキュリティが完璧。安全であることは何より重要。次に町に近く、便利である。家が２ＬＤＫの二階建て。部屋のサイズが大きく、多くの人たちが

集まってミーティングできる。最後に、騒音がなく静かであること。有り難づくめの住宅であった。一服すると古巣の香りに落ち着いた。

翌朝、ＪＣＫ（Jica Cooperative Society of Kalimpong）の責任者であるレンドップが一時間ばかり遅れてやってきた。研修生だったころから彼は遅れの常習だったのを思い出した。それでも来るなり、私が、朝食はちゃんと食べたか、何と何をいくら食べたかまでチェックするので笑ってしまった。

巡回医療キャンプ栄養指導コーナー

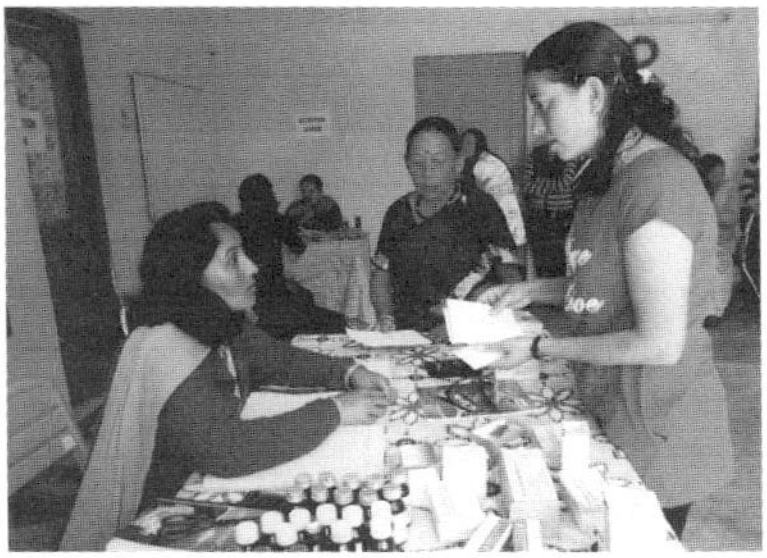

医療キャンプで薬の説明を受ける

一〇時ごろ、開店時間に合わせ、ＪＣＫの店へ向かった。二〇人ばかりのメンバーたちが集まっていて、次々に歓迎のカダーを首にかけてくれ、再会を抱き合って喜び合った。

ＪＣＫの店は、見当をつけてい

たとおりピッタリの場所だった。最良のロケーションでないことも仮店舗だから気にならなかった。間口一・五間、奥行二間くらいと狭いが、道路に面する距離三メートルほども売場面積となるから悪くない。加工食品の手づくりチーズ、バター、豆腐、納豆、ジャムなど一〇種ばかりを、パラーッと無造作に広げている。店の前には、ポット花と切花がバケツに投げ込まれて並んでいる。飾り気なく、無欲なディスプレイだが、カリンポンではこんなものかと納得する。

すかさず私の思いを察したのか、メンバーたちは口々に、ここはハット・バザール（なんでも市）が開かれる水曜と土曜日が営業日のようなもの、だから今日はのんびりしていると説明した。私も本店舗が完成するまでは、ここで十分と本音で答えた。

## 2

客がまばらな店でお茶とスナックをみんなで楽しんだ。売られているスターチスの切花の出来があまりに良いので、生産したのは誰か聞くと、プラビンが手を上げた。褒められて嬉しかったのだろう、ぜひ自分の作付けを見に来てくれと熱心にせがんだ。午後、別の元実習生のナーサリーを訪ねる予定を変更して、彼の村へ向かうことにした。彼の村、サンセは急傾斜の山肌を削っただけの悪路で有名な地域であった。時々車が落ちて、犠牲者が出ることでも知られているところである。行くには山岳用のジープが必要だ。だが待てよ、あれから二年も経っている。

熱心に受講する研修生

タクシースタンドで車の交渉をする。しかし、サンセと聞いただけで断られ、誰一人引き受けてくれない。当惑したレンドップとプラビンは、あちこちへ電話をし始めた。しばらくして、行ってくれる車が見つかったという。とりあえず、車が来るまで軽食屋のテーブルを借りて一休みする。店の横に車が止まった。軽のバンでタクシー風でもない。運転する男性は、こぎれいなサラリーマン風である。車といい、ドライバーといい「これはやばいぞ」と不安がよぎった。それでも、とにかく車は走り出した。案の定、悪路に入った途端、ドライバーの手が恐怖で震えだした。「道路はいいコンディションだと言ったのは誰？　この俺にこんな道路の運転をさせるのか、わずか六カ月のキャリアだって知っているだろう？」。緊張は頂点に達している。助手席の私も握りこぶしに力を入れ、歯をくいしばって「何とかうまく走り抜けれますように」と天に祈る。

ほぼ垂直に切り立った山肌を削っただけ。やっとジープ一台が通れる山道に所どころ交差するためのポケットがある。恐るおそる左側に目をやれば、眼下の深い谷底が口を開けて呼んでいる。くわばらくわばら、下を見てはいけない。それでも突き出た無数の石に車の腹を打ち付けながら、幸運にも目的地まで辿り着いた。乱暴なことをするのは、インド人の得意とするところ。命知らずな彼らの行為を理解するのは五〇年経った今でも難しい。この車と運転を引き受けた若い男性は、地域開発に携わるNGOスタッフだと後で自己紹介してくれた。私は、この無謀な依頼を心から謝った。道路は全く問題ないというレンドップとプラビンの言葉を信じた軽率さの反省とともに。それにしても道路のインフラは二年前と全く変わらず、手付かずのまま住民はよく辛抱しているものだ。

さて、プラビンは四〇歳になり、子どもが二人いた。親譲りの農業を業《なりわい》とする元研修生の一人である。私の記憶では、教わったことを直ぐに受け入れるシンプルなタイプの研修生で、正直目立たない存在だった。彼は収穫をひかえたスターチス畑に私どもを案内した。スターチス栽培がすっかり定着した感じである。寒冷かつ高地の利点を活用したスターチスは、赤、青、黄色、紫、ピンクと深く美しい色に仕上がって、出荷を待っていた。また、彼は三頭の乳牛を飼い、牛乳からチーズとバターを製造している。牛舎から出る牛糞は作物づくりに欠かせないコンポストとなる。研修で教わったとおり、よく熟成した良質のコンポストを作り上げていた。牛乳は、山岳の遠隔地の条件では運搬に無理がある。それ故、保存に耐える食品、固形化したバター、チーズにすれば、ドッコ（背負子《しょいこ》）に入れ街まで担いで売りに行ける。プラビンのバターとチーズはＪＣＫの店の人気商品であると、レンドップが言葉を付け加えた。

プラビンは畑のあちこちに私どもを案内した。キュウリの栽培も従来の露地栽培から竹をドーム型に組んでランナーを這わせ、キュウリがぶら下がってなる方法に変えている。畑の端には桑木をズラリと植えている。夏の間は蚕を飼っているという。蚕は一キログラムが九〇〇ルピーで売れ、夏季のよい収入になっていると自慢気だ。さらに作物が育たない荒地を利用してナーサリーも始めている。アゼリアや地元で採れる植物を増殖、ポット仕立てにして街に出荷している。

狭い段々畑、利便性が悪い土地柄。一〇年前はほとんど希望を見出せなかった。しかし、今では農家が経営の工夫によって、一家が安心して暮らしていける収入を得るようになっている。驚きである。これから更に、蜜蜂箱を四、五個設置して、ハニーのビジネスも始めるつもりだとプラビンはやる気を見せた。

正直なところ、研修を受けた頃のプラビンは、あまり積極的な青年ではなく、記憶に残る研修生ではなかった。当然今回のモニタリングの予定にも組み入れておらず、偶然彼の熱心な誘いを断れず、訪問することになったのだが、それにしても初日からこのような予想外の素晴らしい研修成果に直面し心底嬉しく有り難い気持ちになった。

それというのも私どもが提供した研修では、技術を移転するだけでなく、考える農業、創意工夫、生産物にも付加価値をつけて売る発想、一年間の生産スケジュールづくり、記録をとる習慣をつけて、それを次に活用する等々、農業に対する姿勢、考え方などに多くの時間を充てた。それは、農業者が自分たちの宿命（カースト）に不満を持ち否定しながらでは進歩も変化もついてこない。まずその部分をはっきりさせることも、研修では必要だった。それには、ヨーロッパで作成されたビデオを使ったりもした。都市の暮らしとラダックの暮らしを比較したものだった。両方の長所と短所を研修生同士でディスカッションする。ラダックは、このカリンポンと類似しているから、研修生たちの暮らしをオーバーラップし、実感のもてる教材であった。

まずは自分たちが置かれた環境を肯定するというか、受け入れる気持ちが必要だ。長所を延ばすのはもちろんだが、短所を変える可能性を皆で熱心に考えていた。さらに研修を終える前には、「五年後の自分の農業と暮らし」をイメージする。それを模造紙の上に図化して一人ずつ発表して、仲間の意見やアドバイスを受ける。そんな講座も取り入れていたが、研修生たちには結構人気があった。

## 3

プラビンのモニタリングは、道中命がけの感はあったが、今回の訪問初日にして満足の得られるモニタリング。手ごたえを覚えた。

プラビンと対照的にとても目立つ研修生がいた。アレンである。彼は非農家で土地がない。スズキバンの車を借りてタクシー業で一家を支えていた。当初、非農家を受け入れるのはどうかと口にするスタッフもいたが、本人の熱意をかって加えることにした。

彼のグループの研修が始まるとすぐに気がつくことがあった。彼が仲間に親しく話しかけると、皆するりと逃げるような感じ。余り相手にしない。なぜ、という疑問を持った。私の質問に現地スタッフは、いとも簡単な答えを返してきた。「ああ、彼は身分が低いからだと思います」。そうなのか、おしなべて貧しいこの農村だから皆同じ、と考えていたのは甘かった。

それでもアレンは人懐っこい性格で、仲間が相手をしてくれなければ講師に質問したり、よく事務所にきておしゃべりして帰って行った。彼なりにバランスを取っていたのだろう。研修を終えたあとも、アレンは仕事の途中、事務所によく立ち寄った。質問や相談を持ってくる。だから彼が家の空き地を利用して、ごく小規模のナーサリーを始めたことも聞いていた。

研修を終えて二年が経ったころ、アレンは自分のトマト栽培を見に来てほしいという。よっぽど自慢のトマトができたのだろうとスタッフ二人をともなって視察となった。

なんという、見事なトマト畑だ。トマトが高値になるこの時期によくも育てたものだ、と感動した。トマトは雨期に弱く病気になって全滅する。アレンは野生のトマトの台木に接木して強いトマトを栽培していた。端境期には三倍の値がつくこともある。彼は笑いが止まらず満面の笑顔。

達成感の幸せに浸っていた。それでも「研修で習ったとおりやってみました」と感謝を忘れない。

アレンのナーサリーでは、家の敷地にある一重のつつじ（エゼリア）の挿し木を狭い庭先いっぱいに育てていた。挿して三年で出荷できるという。プラスチックポット植えの花木はインドで需要が高まってきている。私はアレンにアドバイスした。「八重咲きのアゼリアを一鉢、マザープラントとして手に入れられない？　増やしたら人気が出ると思うけど」「同じことを考えていました」と確信を得たようだった。

それから数カ月後、アレンが事務所へやってきた。彼が借りていたトマト畑は所有者から取り上げられた、と淋しそうに打ち明けた。身分の低い人が借りた土地でトマト栽培に成功し大きな収入を得たのが気に入らなかったらしい。辛辣な意地悪をするものだと事務所のスタッフたちも同情した。「あなたにはナーサリーがあるから大丈夫よ」とアレンは励まされて帰って行った。

それからさらに二年が経過した。アレンはタクシー業も辞めてナーサリーに専念し、作業員も数人雇い入れ、土地も買い入れた。今、彼のビジネスはインターネットに頼る部分が大きくなっている。パソコン研修が活かされた事例の一つである。

一言付け加えるならば、身分が低くとも学歴がなくてもビジネス界には大きな可能性が開かれていることを証明してくれたアレンといえる。

カリンポンの家族

二部

# 国境の町・緊張の町
# インドと中国、そして独立運動

# 一、ゴカ独立運動

## *1*

ナクサルは、大学生など若い知識層を中心に組織されたテロ集団といわれる。このナクサルに似かよった集団にマオイストがある。毛沢東思想集団ということである。その名のイメージに反して、構成員は階層が低く基礎教育のない人たちが多くを占めるのが特徴である。これまで、この二つのテロ集団は「別もの」と彼らは弁明してきたが、同じ系列の組織であることを、今ごろになって認め始めた。

インドは一九九一年、自由経済に踏み切って以来、順調に成長路線を歩いてきた。経済面からみればそのとおりである。しかしインドの宿命ともいえる二つの宗教、ヒンドウ教とイスラム教、多神教と一神教の平和的共存に費やすエネルギーは思いのほか大きい。もう一つの大きな目の上のたんこぶが国境。西にパキスタン、北に中国である。パキスタンと一触即発の事態に陥った過去が幾度かあった。にもかかわらず、インドの知識層の人たちは、パキスタンに対してほとんど脅威は感じていないという。しかし中国は違う、ときっぱり言い切る。

私どもは縁あってその中国とのボーダーに近い山岳地、ダージリン地区カリンポンで長い年月、教育と地域開発に携わる活動を展開してきた。地域開発事業である園芸農業振興プロジェクトを開始する頃は、マオイストも警察力に押されて入って来ていなかった。わずらわしいこの地方のゴカランド独立運動のストライキも鎮まっていて平穏な住民の暮らしが営まれていた。まさか事業を始めて間もなく、マオイストとストライキに悩まされ翻弄されるとは夢にも思わなかった。

あれは二〇〇七年、秋風が立ち始めた頃であった。カリンポンに到着するなり、スタッフに告げられた。実証地モデル村のサントック村は入域禁止になっています。あまりの唐突な言葉に意味が解せなかった。「どういうこと。あんなに平和な村が?」

スタッフの説明はこうだ。ブータンからカリンポンへ国境をまたいで広がる森は、サントック村まで達している。その森を伝って潜入したマオイストが、ひそかに村人の勧誘を始めていた。すでに村の幾人かは、マオイストの戦士として名を列ねた。早速これらの人たちは、案内人として加えられ夜の闇にまぎれて村の中を動き回った。そんな中一人の農家の主人が殺された。マオイストの動きを、警察に通報した疑いがかけられたのだ。

サントックは、山の急斜面に広がる戸数二〇〇戸ばかりの辺ぴで貧しい村である。村の入り口には、カソリックの宣教師による小さな教会がある。付設される八年制の学校は村の子どもたちの教育を支えている。教会とのつながりが深いせいだろう、村人の六割以上がクリスチャンであ

家畜の飼料を運ぶ婦人

カリンポン・山肌の耕地

ミルクやチーズを町に
売りに行く村人たち

る。

そのクリスチャンの村にマオイストが入り込み、洗脳を始めていたのだから、カリンポンの人々は驚愕した。当然ながら警察の大掛かりなマオイスト狩りとなった。潜入したマオイストは一目散ブータンの森へと逃げ帰ったが、残された村人であるマオイストは全員ご用となった。新米のマオイストたちである。彼らの知る限りの白状には、拷問も必要としなかったという。マオイストになれば、毎月千ルピーが支給されること。その額は村で十分といかないまでも、心配ない暮らしができると彼らは告白した。貧しい農民を警察や政府が助けてくれるのか？　と逆に、マオイストたちは取調官らに詰問したとか。とはいうものの、彼らは不定期に行われる戦闘訓練が義務付けられる。当然だが、テロ行為の現場に送り込まれる貴重な要員だからだ。本人たちには実践のイメージがつかめていないのかも知れないが。

カリンポンの人々の間では、毎月支払われる千ルピーの出所が、もっぱらの話題となっていた。が、私どもには金の出所など、どうでもよかった。プロジェクトのモデル村がこの先どうなるか、いつまで危険区域として入れないのか、事業の計画変更はまぬがれない。

サントック村は地域内のつながりの強いところである。農業や園芸に関心が強く、研究熱心な人たちが多い。キリスト教の影響もあるだろう。それはモデル村にするにはピッタリの条件に叶っていた。残念だが、当分村へ入れそうにもない。入村できないとあれば、事業の実証ファームを置く村を新たに見つけなければならない。振り出しに戻らないまでも、大きな痛手である。厳しい現実を突き付けられた。慰めごとを言うならば、私どもの研修を受講していたこの村の、およそ二〇人の誰も、マオイストに名を置いたものがいなかったことだ。唯一の気休めというか、救われた思いであった。

## *2*

マオイストの残虐性と脅威がどれほどのものか、思い知らされる事件が、まもなく発生した。二〇〇九年、大都市カルカッタに近い、農業生産地で起きた衝撃的なテロ事件である。マオイストのテロ現場から、運良く逃げ出し、命からがら、カリンポンに辿り着いた一家三人を、学校のゲストハウスに受け入れた。私もそこの滞在者。報道で伝わってこないテロの生々しい惨劇を聞くことになった。

逃げ出してきた一家の主人は、この学校の出身者である。名前をトニー・ハーキンスという。奥さんは、アイルランド女性。二人の間に一〇歳になる息子の三人家族。

トニーは、ジャグラムという町で野菜栽培を生業として暮らしていた。生活も安定し、平和な暮らしだったという。ましてや、村にはテロの匂いなど、どこにも感じさせるものはなかった。突如、ジャグラム警察署がテロ集団に襲撃された。激しい撃ち合い、テロリストによる放火。平和な町は戦場（修羅場）と化した。まさに、住民にとって悪夢である。町は、ほぼ壊滅した。およそ六〇人の警察官が撃ち合いのすえ殺害されたと伝えられたが、肝心の市民の犠牲者数は公表されていない。

トニーによれば、街中の民家も警察が潜んでいると火を放たれ、街中が焼かれた。さらに動くものは銃で撃ち殺された。暴行略奪はテロリストたちへのご褒美も同然だった。犠牲となった人々は、少なくとも公表された一〇倍は出ているはず、とトニーは断言した。ハーキンス一家は、経営する野菜畑に身を隠し、マオイストがすべて引き上げる早朝まで、その場を動かなかったという。

「ターゲットは警察と政府関係だけだ」とマオイストは声明を出す。そううそぶきながら、実は無差別の殺戮《さつりく》と街さえも壊滅させてしまう。カルカッタの台所と呼ばれたジャグラムの街で起きたこのテロ事件も同様であった。

そして、この悲惨なテロも、ほんの数日で人々の記憶から去っていく。果たして、カリンポンのマオイストたちが、自分とのかかわりを考えてみた者がいたのだろうか。悲しいかな、貧しく、社会に不公平を感じて生きる人たちである。学歴もなく、地位もない。ないない同然である。しかし、生きていかなければならない。食べていく安定がほしい。それを保障する後ろ盾がほしい。それに手っ取り早く応えてくれるのがマオイスト集団であり、ゴカ・アーミーである。毎月の給料が保障される。一家が暮らしていけるのである。純朴な農民といえども、いとも簡単にテロリストに変貌していく訳がそこにある。まさしく格差社会の病み、とでも言おうか。貧困とテロリストの連鎖をまざまざと見せつけられた思いであった。

## 3

そもそもゴカランド独立運動については、イギリス統治時代にさかのぼって、少しばかり説明が必要になる。

かつて、インドがイギリスの被植民地時代、ウエストベンガル州に属するダージリンが、紅茶栽培の適地だとわかるや、一気に開発が進んだ。加えて、その冷涼な気候は、イギリス人の貴重な避暑地としても注目され、繁栄した。

当然ながら、静かな山村は様変わりし、人口も一気に膨らんだ。食糧不足である。当時のこと、馬で物資を運ぶ時代である。統治者であるイギリス人は、ダージリンと隣り合う山、カリンポンに注目し、食糧基地と決めた。ところがすぐに次の問題に直面することになる。カリンポンの土着民が生産する量では需要に追い付かない。そこでイギリス人は、彼らの得意とする発想で対応した。隣国ネパール人の移住を奨励した。すなわち農業者、農夫を増やすことで解決したのである。イギリス人の暮らしを支えたのは、多くはそれらネパール人であった。これを機に、カリンポンに限らず、ダージリン地区全体に、ネパール人が多くを占める特異な地域に変わってしまった。

今日、ネパール人が住むこの地域を、彼らはゴカランドと呼んでいる。すなわち、ゴルカ、ネパール人の土地。ゴカランドは、我々ネパール人のもの。だから我々はインドから独立して我々の国を作りたい。それをインド政府に認めさせて、分離独立する。それが独立運動が始まった所以である。

イギリスがヒマラヤに置き去りにした負の遺産である。当時、「ゴカランド独立運動」の火種になろうと、誰が予測できたであろうか。

やがて、この運動が始まって三〇年を経過しようとしている。その過程で多くのリーダーが入れ替わりながら中央政府との交渉を重ねてきた。ストライキは住民の熱意と犠牲を国に示し、州政府や中央政府との交渉の場をつくり有利にすすめるためであった。さにあらんや、住民の願いは叶うことなく、ゴカランドは三〇年経っても独立を勝ち取っていない。

私のような外部者の目には、独立運動で成果を期待すること自体甘すぎると思われる。インド政府が無関心を装いながら、時々「金を出してあげるから静かにしてくれ」となだめる理由は明確だから。ここは中国とのボーダーである。インド政府にとってこの地域が軍事的にどれほど重要なところか言わずと知れたこと。生命線を手放すはずがないだろう。一方、インドにとっての生命線は、中国にとっても同じこと、いやそれ以上に、中国の領土に対する野心は想像を超えていると言えよう。国境付近で繰り広げられるゴカ独立運動は中国の格好の隠れ蓑として、独立を勝ち取れば中国の思うつぼだし、独立ならずとも混乱のどさくさに紛れて、それなりの手法を使う方法だってある。ゴカ・リーダーとの関係づくりは、中国にとって重要課題の一つであろう。

# 二、ストライキの中で

## *1*

二〇一〇年二月三日からゴカランド独立運動に伴うストライキが再び始まった。この度のラウンドは四日間であるとのお触れが回った。ダージリン地区全域が該当するストライキとの説明も加わった。それにもまして、住民に与えられる制約は甚だ厳しいもの。ありとあらゆる職場の就労は一切禁止。むろん店舗やビジネスもダメ。住民は門を閉じ、家の錠をおろして家の中で過ごすこと。もし従わないものがあれば、リーダーから厳重に処罰される、という恐怖のコメントがついている。今までにない厳しいものだと緊張する中ストは始まった。

さて、この第一ラウンドの四日間のストライキに入るとき、引き続き、これから一カ月、二カ月と、長期のストライキを決行するから覚悟しておくように、とリーダーは付け加えた。

しかし正直、時代は変化している。インドは著しく経済成長を続ける大国である。自由経済社会は何も大都市にだけ留まっているわけではない。この山の地方の隅々までその波は押し寄せているのが現実。誰もが生きるために職場で働き、農家は作物を作り、ビジネス界の人々はビジネスに忙しい。長期にわたってストライキを決行し、誰も家から出てはいけない、働いてはならない、とリーダーから命令されるのではたまらない。このところ現在のリーダーになってから、ストライキの色合いが変わってきた。早い話、住民を苦しめるためのストライキ。皆そう感じている。従わないと処罰するぞ、その言葉で威嚇する。脅しで人々をコントロールするリーダーなど、どの世界でも支持されるはずがない。

それは、二〇〇八年のことだった。今のリーダーに変わったとき、中国マネーがシッキムの有力者を通して、リーダーに渡っているという噂が立った。次の年それをかっ消すかのように、いや消すつもりであったに違いない、彼は民衆を前にして、またテレビメディアを利用して訴えた。「一年後には独立を必ず勝ち取る。実現しなければ自分は責任を取って命を断つ」と断言した。昨日まで疑いと不満をひたすら押し殺し苦痛に耐えていた住民が、途端に彼の演説に感激の涙を流した。命を張って独立にかけるというリーダーは、再び民衆の尊敬と信頼を勝ち取った。「何ということだ、騙されてはいけない」と言う人たちも多くいたのも事実。しかし考えてみると、民衆の心理など実に単純なものである。その経過を見れば一目瞭然。

本来ならばリーダーは断言した直後、彼の手で彼の顔面、真正面に突き付けていたはずのピストル。さてその後、銃口はどうなったのか。日が経つにつれて顔面中央から次第にずれていき、もはや耳すらもかすめない方向に向いてしまった。そして一年が過ぎた。人の記憶と関心もまた頼りないものである。ゴカランドの独立などあるはずもない。中央政府、州政府との交渉もしていないのだから。おそらくリーダーの一年前の演説は、民衆の中国マネーに対する関心を逸らすためのジェスチャー。民衆の悲願を冷笑し、素知らぬ顔で生き続けている。命を断つなど真っ赤な嘘だったというしかない。

リーダーは再び信頼を失うこととなった。幾度も騙される民衆にも限度はあるというもの。だがたとえ信頼が得られなくとも、この権力を他に渡す気など全くない。それを裏付けるようにリーダーは一つの策に取り掛かっていた。ゴカ・アーミー、組織の強化である。ワイロと洗脳でパーティメンバーを増やし彼の周囲を強固にすることだった。

彼に追従するメンバーと称する人たちの教育レベルはすこぶる低い。普段は安い賃金で働く労働者か、職にありつけない若者たちである。彼らはリーダーの「我々のゴカランドを取り戻し、安心して暮らせるパラダイスの国を創ろう。そしてみんな一緒に幸せになろう」の一言に感動し一途に盲信、突っ走る。普段虐げられた環境に暮らし、自分の境遇に対する不満を抱えながら暮らしている人たちだから、実にたやすく騙される。新興宗教の信者にも似ている。このような人たちにとって「一緒に幸せな国を創ろう」と呼びかけられれば、救世主が現れた心地になってしまう。そうなると盲目的である。盲目的行動は時として恐ろしいことになる。何もゴカランド運動に限った話でもない、と思う。

## 2

早朝、珍しく下痢になった。ストライキ続きで思うように仕事が進まないストレスのせいだろうからと、普段どおりに朝食をとった。朝食後、幾度も下痢を繰り返した。いつもならスト中でも学校内の宿舎だから、こっそり森を抜けて事務所に入りカーテンをおろして仕事をするのだが、今日はおとなしく部屋にいることにした。

一〇時過ぎ、部屋の下に広がる庭が騒々しくなった。カーテンの隙間から覗くと、七、八人が何やら言い争っている。ネパール語で言葉がよく聞き取れないが、「ストライキというのに働くとは何事？」確かにそう叫んでいる。リーダーの見廻り組がゲストハウス内に入って来ているのだ。ストライキ中は仕事をしてはならない、商売してもならない、皆門をロックして家の中に、じっとしていなさい、というのがリーダーの命令であり、命令に背くものは処罰するという。

朝から部屋の下にあるキッチンガーデンで、クーリー（庭係のサーバント）が大きな畦を立てていた。ゲストハウスの裏側にあってどこからも見えない死角になっている。ゲストハウスのマネージャーはそれを承知しているのでポテトの植え付けを頼んだらしかった。それが見つかってしまったのだ。マネージャーの家族五人総出で必死に弁解に応戦している。見たところ見廻り組のなかに理屈の分かりそうな男は一人も見当たらない。早口のネパール語で唾《つば》を飛ばして怒鳴り合いを続けている。

私は興味津々、一階に下りてメイドのチャンドリカがいるキッチンに行ってみた。チャンドリカはキッチンには見当たらなかった。食堂の片隅に隠れて怯えていた。彼女もこっそり働いている一人だったから。傍によって小声でどんな状況かを聞いてみた。ストライキの見廻り組が突然なだれ込んできて、クーリー（庭師）を働かせるとは何事か。命令に従ってない、と上に報告し処罰すると息まいているとのこと。やはり想像したとおりの展開になっている。

午後一時過ぎ、朝来た見廻り組が更に人数を増やしてゲストハウスに襲来した。朝の言い争いでは釈然としなかったのであろう。クーリーは朝仕事の発覚以来、作業はしていなかった。しかし激しい口論はやがてののしり合いに発展し、つかみ合わんばかりのバトルが一時間ばかり続いた。こちらは退屈しのぎの観戦でおもしろい。

悪態をつきながら見廻り組が引き上げると、ゲストハウスのマネージャー一家もダイニングへと戻ってきた。マネージャーは、憤まんやるかたない表情で「ワーカーの馬鹿どもめ、許せん！」と吐きだした。見廻り組はこの学校で働くワーカーたちだったというのだ。学校のワーカーたちはゴカ独立運動のパーティメンバーでもある。ストが始まると違反者はいないか学校敷地内（一〇〇ヘクタール）を監視、摘発して上に報告する。ストライキの間は学校の職員と下働きのワーカーの立場が完全に逆転する。普段、学校での勤務は職員からの指示でアシスタントを務めるワーカーたちが、ストになると一変、リーダーの名のもとに学校の上司たちを吊るしあげて摘発する。それは彼らの手柄となってパーティ内での格付けに反映する。

普段は煙たい存在の上司も雇い主も、彼らが見廻ってくると丁重にご苦労ご苦労と笑顔をつくり、お茶や駄菓子をふるまって労い、金や物品の拠出にも異を唱えない。反対意見でも述べようものなら、家を壊されるか、焼かれるか、どこかに連れ去られるか、事の顚末を皆知っている。ストライキの大義名分は「ダージリン地区をゴカランドとして独立させる」であるはず。ところが上位目標は、どこかへ飛び去っている。

## 3

昨日、ビディアが人目を盗んでゲストハウスに逢いに来た。明日から二日間、ストの中休みになる。スト続きの中の二日間は貴重だ。二日間のスケジュールの打ち合わせに来たのである。朝の時間は買い物、午後は研修の準備、明後日は一日中研修で決まった。講義を受け持ってくれるドクターたちとの連絡もついた。ビディアは昨日夕方来るはずだったが、疲れ果ててこられなかったという。「家にこもっているのになぜ疲れるの?」と聞いてみた。

「家になんかゆっくりしておれません! スギモトさん。昨日一日中、スト見廻り組の人たちの炊き出しです。スト中、住民はさまざまな雑役に狩り出されます。ラリー参加、集金、食糧調達、焚き火用の薪調達と、彼らの要求どおりに動かなければならないんです」

「そう、大変ねー。それで昨日、あなたは何をしたの?」

「私は炊き出し、妹はラリーでした。パーティ事務局長が逮捕されたので、警察署前でシュプレヒコールをやらされたそうです」

「事務局長を返せ!! って?」

「そうです、あとで返したそうです。そして今朝は米〇・五キロと二〇ルピーを供出させられました。一戸当たりの割り当てなんです」

お金はどう使われるのか聞くと、見廻り組の肉代になるという。ビディアは、彼ら見廻り組がピクニックを楽しむのを、私たちはただ黙って手伝わなきゃいけないんです。憤怒のため息と共に吐き出した。誰も不平を言えないのね、と宥めるように言葉をかけると、

「誰も言えません。言ったら大変です。でも、皆こんなことが早く終わればいいと思っています。そしてゴカランドは返ってきそうにないことも分かっています」

「そうだよね。だってここは中国とのボーダーだから、インド政府にとって大事なとこだもんね」と意味深長な言葉を投げてみた。彼女は黙ってうなずいた。

今日はストライキの中休み。僅か二日間という短い時間だが、晴々した気分になるのはなぜだろう。昨夜の激しい雨も上がり、穏やかな朝。日常見慣れている森の緑、弾む鳥のさえずりがな

んと新鮮なことか。

久しぶりにゲストハウスから事務所への道を堂々と歩いて出勤した。打ち合わせどおり、ビディアも先に着いていた。ドライバーが作物の散水に忙しくしている。日曜日だからと連絡していなかったが、ドライバーも来ているのに感心した。なかなか気働きのする青年だ。名前をダァワといい、一カ月前から事業リース車のドライバーに起用されたばかり。明日の研修に必要な買い物リストを書きあげる。

ビディアはストで出荷できなかったスイートピーのハウスを見て回って事務所に戻ってくると、スイートピーが咲きほこっています、この二日間でできるだけでも出荷しませんか、という。もちろんだと二人で出荷準備に取り掛かった。作業中、ビディアは昨日の話を続けるように喋り出した。私はあたりを見回し、誰もいないのを確認した。

「大がかりなストライキを決行したにもかかわらず、ウエストベンガル政府も中央政府も一言のコメントも発表していません。新聞もテレビでも何もコメントしていません。ポリティカル・リアクションのないストライキなど意味がありません。リーダーはローカルのテレビに出て、政府が動くまで頑張ろう、と一人気炎をあげていますが、馬鹿に見えました。でもね、スギモトさん」と、彼女はうっ憤はまだある、とばかり続けた。

「ここの下層の住民、女性たちでも、ラリーに参加したり、炊き出しで頑張るのを誇らしく思っているんです」。存在意義とでもいおうか、自分らが認められている実感があるのだろうか。「教育のない人たちは怖い面を持っています。学校のワーカーたちにも同じことが言えます」ともいう。「仕事のときは、さぼることばかり考えているのに、ストライキになると生き生きとして見廻り組で活躍する」などビディアは彼らの教育のなさ、すなわち無知が地域全体を危うい方に向かわせているという。「だって否応なしに誰もが彼らに従わざるを得ない状況ですから」。

カリンポンのまち

街で買い物に取りかかる前に、ビディアはスイートピーを抱えて小売店へと走った。私は車に残って待つことにした。するとドライバーが饒舌に喋り出した。

「あなたは私たちのリーダーを知っていますか？　私たちのリーダーは偉大な人です。ちょうどマハトマ・ガンジーみたいです。ストライキ中、彼はデモ隊の先頭に立ち、何時間も歩き続けて、ゴカランドを取り戻そうと民衆を激励しています。私たちは彼を心から尊敬しています」と。ドライバーの誇らしく、熱い言葉に圧倒され

カリンポンのバザール

戸惑いまくった。

## 4

二〇一一年二月、正午少し前、現地職員ビディアを伴ってトレーニングに必要な雑貨を買いに街へ出ることにした。プロジェクトマネージャーは人手不足の現場では雑用まで引き受けることになる。この学校から街へ通じる道は二つある。混雑で渋滞する道を避け、道幅は狭く危険のリスクと車の交差に手間取るが、あえて上からの道を選んだ。いつものことながら、上を行くか下を行くか街へ降りるときの思案は出かける前の儀式のようなもの。この日は偶然だが上で正解だった。

走り出すと登ってくる車が手で合図して車を止めた。窓越しに「ストが始まったようですよ。州立病院前までしか車はいけません」と緊張の面持ちで教えてくれた。「え、何で今ごろ？　本当に気まぐれな。訳が分からない」とビディアと首をかしげながら、聞いたとおり病院近くの空き地を見つけて車を止めた。商店街に通じる急な石段を駆け下りて街へ出た。その途端、商店街のシャッターが慌ただしく下ろされていく光景が目に飛び込んだ。真っ昼間、何の情報も出さない、いきなりのストは私にとって初めての経験。何が起きているのか全く分からない。今にもシャッターが下りてしまいそうな店に、無理矢理シャッターを押しあげながら飛び込んだ。「どうしたんです」と問いかけると、「私たちが聞きたいところです。パーティメンバーがシャッターを閉めろ、と叫んできたので訳が分からないまま慌てて閉めているんです。あいつら何するか分からないから！」と店員は急がせる。

私は砂糖二キロ、お茶五〇〇グラム、ビスケット一〇袋と、メモを読み上げて注文した。ビディアは諸々、文具などを買ってくるからと他の店へと飛び出していった。私は買い物を済ませ店を出るのに一〇分とかからなかった。店主は、「本当にあいつらは困ったものだ。商売あがったり」と地団太を踏みながら私を外へ追い出すと、シャッターを勢いよく閉め終えた。

大きな買い物袋を持って店の外でビディアを待った。なかなか戻ってこない。ありんこが湧いて出てくるように家路へと動いて行く人の波。ビディアの姿を求めて注視していると目が回った。おまけに、時折風が立ち埃を撒きあげる。それを吸い込むまいと息を止めてやり過ごす。待つのはそろそろ限界、と思った時、ビディアが段ボール箱を重たそうに抱えて戻ってきた。

「スギモトさん、誰も何が起きたか知りませんよ。多分ドワーズでゴカ・アーミーの誰かが殺されたんじゃないですか、何かそんな気がします」と帰りの急な石段を登りながら、ビディアは少々確信ありげにそう言った。

既にストライキに入ったらしい情報はあるものの、正確な情報はどこからも伝わってこない。私どもは予定どおり、午後の研修を開始した。そして今日のスケジュールを終えた。若い研修生たちは、こちらの不安をよそに、楽しげに雑談に興じなかなか帰途につこうとしない。それでも、四時には全員を帰宅させた。ただ、滞在組の六人は安全を期して一泊させることにした。確実な情報を入手するまでは、彼らを帰すのは危険と判断し情報を待つことにした。

ゲストハウスに帰って一時間ばかり経った頃連絡が入った。ドワーズという町で二人のゴカ・アーミーが警察に殺されたという。その事態を受け、ただちにカリンポンのゴカ・アーミーのメンバーらが警察のバスや車と警察署のビルに火を放って暴動化したために戒厳令が敷かれたという。それが真相であった。既にＣＮＮ、ＢＢＣがそのニュースを競って伝えている。棒切れ一本持たない女性たちが銃で殺された。警察は殺人集団のようだと報道されている。ビディアの勘は的中した、と思った。しかし待てよ、地元の住民でさえ何が起きているのか分からないでいるのに、世界のメディアが大きく報じているとはどういうこと？　合点がいかず、違和感を覚えた。

## 5

さて、ドワーズという町は、ゴカ・リーダーの出身地である。アッサム・ハイウェイ線上にあり、ブータン国に隣接している。農地と荒地が広がる小さな町である。リーダーがなぜ出身地のドワーズに拘るのか。それはダージリン県を独立州にするには、一定以上の人口が求められる。現在のダージリン地区だけではそれを満たしていない。隣接するシングリー市やバグドラ町には頑固に断られた過去がある。ダージリン地区の住人ですら嫌っているほどだから見込は全くない。リーダーはそれを承知している。ならば自分の出身地ドワーズを抱き込もうという作戦なのだ。

ところがこの町の人々も、「自分たちはゴカランドに属しない民族」と主張している。ゴカ・リーダーはこの地出身の自分がゴカのリーダーなのだから、「属して協力しろ」と強要する。彼がゴカ・リーダーになって以来、かれこれ三年以上もこの町はそのことだけで紛争が絶えない。ドワーズの住民にとっては迷惑千万。平穏な暮らしを壊しに来ないでくれ、それが住民の総意である。

ちょうど一カ月前、一〇日間のストライキがあった。そのときゴカ・リーダーはダージリンとカリンポンの地域から一〇〇〇人のメンバーを集め、といっても強制的に集められた住民たちを引き連れて、一〇〇キロのドワーズまでの道のりを徒歩で踏破した。ところがドワーズは警察のバリケードによって入域を阻止された。それでも地元の地理に明るいリーダーは、警察の手薄なジャングルを通り、ドワーズに辿り着いた。そして「あなたたちはゴカランドに属する民族である」と演説したのである。

その日、ドワーズへ行進するラリーの姿が民放のテレビに映し出された。元気で得意気なリーダーと対照的に、よれよれになり、精根尽きたラリー参加者がアップになった。この滑稽な光景に、誰もがこみ上げる笑いを必死に噛み殺しながら見ていた。

その後、リーダーはテレビを通して呼びかけた。「次のストライキは長引くと思うので、少なくともパーティの最終ミーティングがある日まではどの学校の生徒も学校の寄宿舎に戻ってはならない。家で待機せよ。全国統一テストも延期する予定である」と強気のコメントを発信した。ところが七日、パーティの最終ミーティングで、彼の意図する結果にはならなかった。間もなく新学期が始まる。全国統一テストは子どもたちにとって、学校生活の総締めくくりみたいなものである。よって、政府機関の役所だけストライキにする、というものだった。パーティメンバー役員の中には穏健派というか、自らも学童を持ち、社会状況を玩味する人たちも含まれていたのが幸いした。このダージリン地区（ゴカランド）は冷涼、温暖な気候条件の利点をスクールビジネスに生かしている。全体で五万人の生徒を抱え、カリンポンでも一万五〇〇〇人の生徒が学んでいる。クリスチャン系のボーディングスクールである。学校ビジネスはこのダージリン地方の主たる産業の一つになっている。

全国統一テストはインドの教育システムの中で重要な位置を占めている。一〇年生と一二年生に課されるチェックポイントのようなもの。ことに一二年生の生徒たちにとって、このテストでどの大学に入れるかがほぼ決まってしまうのである。当然子どもたちにとって真剣勝負のとき。中央教育庁が統括する全国統一テストをゴカランド独立運動のために延期するなどあるはずもない。リーダーが言う「延期」は次年度のテストまで一年間留年しなければならないことを意味した。そんな犠牲を誰が子どもたちに強要できようか。

リーダーの強行策は彼を支える組織の一部にも受け入れられなくなっていた。信頼を失っている自覚と同時に、リーダーの座を次なる者に渡す時期だという認識は感じているはず。しかし彼には一度手に入れた甘い蜜を手放すわけにはいかない。やがて彼は、一つの賭けに出た。ドワーズの警察と一戦を交える。ゴカ・アーミーに犠牲者を出すことで暴徒化へ導ける。それをマスコミにたきつける。それがリーダーの戦略であったのだろう。リーダーの策は、見事に彼の筋書きどおりに運んでいる。マスメディアを巧みに引き込んだ彼の作戦は、再び戒厳令、ストライキの事態となって、住民の自由を奪うことになった。

警察のバスを焼く、警察の建物に放火する、商店街の店へ押し入って略奪を行うなど、ゴカ・アーミーの流儀はマオイスト、テロ集団と何ら変わらない。ただ違うのは地域限定型というか、この国境に接するダージリン地域を出ないだけである。今、ゴルカの里をゴルカの人々の手に取り戻すという目的は変質してしまった。一人のリーダーの思惑が単なる私欲に支配されるテロリストに成り下がっていると言うしかない。

それから数カ月が過ぎた。この日学校では一年で一番の催事である五月祭。祭りは学業成績優秀者の表彰から始まる。表彰式を終えて招待客がティールームに移動したその直後、血相変えて飛び込んできたスタッフの一人が叫んだ。

「さっき対立パーティのリーダーが切りつけられました。状況は最悪のようです。演説を始めたところをナタでバッサリやられたそうです」

現リーダーに対抗し台頭してきた一人が暗殺されたという。一〇〇〇人が集まる群衆の前での出来事である。

この一報を受け学校は五月祭を直ちに打ち切った。次に来る報復暴動を予知しての決断である。予想どおり一時間もたたずダージリン全地区に戒厳令が敷かれた。幸いなことに現リーダーと役割を立派に果たした刺客は忍者の如く姿をくらました。ほとぼりが冷めるのを待つのであろう。不都合なもの、自分の地位を脅かす者は消す。

ここは世界最大の民主主義国家インドである。

# 三、ドラッグ問題——中国の進出と国境の町

## 1

「今日は二時半で暇を下さい」とスタッフのジェームスが朝礼で了解を求めた。隣家の息子さんが早朝亡くなったという。この地方では隣近所の人たちが寄り合って、葬式を取り行う慣習になっている。

「息子さんって、何歳だったの？」と聞くと、

「一七歳、高校生でした」

「それは辛いね。病気だったの？」

「いいえ、ドラッグです」

昨夜、変調をきたし、病院に運ばれたがダメだったという。暗い気持ちになる。誰か亡くなった、と聞けば〝ドラッグで〟が多すぎる。今年になって半年が過ぎた。その間だけでも私の周辺で死んだ若者の五、六人は、ドラッグの常習者だった。

今回、プロジェクト地、カリンポンに登ってきたのは二週間前。やっと、学校のＣＥＯのとこ

ろへ挨拶にいった。彼は間もなく三年間の任期を終えてイギリスへ帰って行く。互いに理解者であり、苦楽を共にしてきた同志である。〝ご苦労様〟の言葉をかけて見送りたかった。ところがCEOは、やっと帰国できるというのに、なぜか表情が暗い。

「喜んで帰る気分になりませんね。急速に子どもたちを蝕んでいくドラッグ問題を残して去って行かなければなりません。解決方法も見いだせないまま。辛いです」

ハッピーエンドでお別れ、といかない事情を聞いて、しばしかける言葉を失った。そうか、この学校もそこまで来ているのか、と愕然とした。

ドラッグ問題は、これまで学校の理事会で幾度も議題にあがった。このところ学校の下校時になると、ドラッグの売人が学校のまわりをうろついているというのだ。ターゲットは地元の裕福な家庭の通学生。裕福といえど、山の街では知れたものだ。子どもの知恵ではごまかして掠《かす》め取るか、こっそり親の財布からくすねるかで、金の工面にも限界がある。私どものスタッフの家では、飼っていたニワトリ三〇羽が一夜のうちに盗まれた。そういえば、私どもの事務所に引き込まれた電話線と電線が、出勤するとなくなっていて困り果てたのは、ついこないだの出来事。現地スタッフによると、犯人は若者、ドラッグ常習犯の仕業だということらしい。ドラッグ常習犯は、地域の若者から高・中学生と若年層に広がっているのだという。

学校関係者たちは、それぞれの学校が抱えるドラッグの問題を、なるべく内々に解決できないかと苦慮している。学校の恥部をさらけ出し、決して表面化させてはならない。学校の信用が落ち競争に負けるという心理が働いて、なかなか共通の課題として取り上げることができない。問題に上がらなければ当然、解決策も見いだせない。悪循環に落ちていくばかりである。

私はプロジェクトの業務でカリンポンに入ると、ドクターグラハムズホームズ学校のゲストハウスに投宿する。カリンポンには二〇〇〇人を擁する小中高一貫校が八つばかりある。当然ながら、学校間の競争は激しい。その学校の一つ、S校のオーナーとは二〇年来の付き合いがある。我がゲストハウスの食事の質素さを良く知ってか、「あなたの好物料理をたべにいらっしゃい」と時々声がかかる。同じ街中というのに、たいがい金曜日の夕方から、二泊三日のゆったりした時間をオーナー夫婦と一緒に過ごすことになる。料理上手のコックさんがつくる御馳走に魅せられ、のこのことお邪魔する。

楽しみは御馳走だけではない。遠慮抜きのおしゃべりは、カリンポンに限らず、さまざまな情報交換の機会でもある。彼らが属している、ロータリークラブのイベントにも、時々は参加する。面白い。時には興味深いシンポジウムが催される。この前は、癌についてのセミナーがあった。分野ごとに専門のドクター四人がパネラーで呼ばれていた。研究所や大病院のドクターたちである。そのなかの一人の、意外なコメントは、フロアーを打ちのめした。ドクターは、「癌のシンポジウムなのに申し訳ないが」と前置きして、「ドラッグの問題を考えるのが先でしょう。

今、癌以上に深刻なのがドラッグ。将来を担う若者、高校、中学生にまで蔓延している現実がある」と。

「昨日も私の病院で一三歳の男の子が麻薬で死にました。わずか一三歳ですよ」さらにドクターは続けた。彼が働く病院では若者の麻薬常用による死亡者が癌死亡者を超えつつあると語るや、フロアーから「まさか、嘘でしょう」と低いうめきのような声が聞こえた。

誰もが半信半疑ながら、しかしこのダージリン地区は、麻薬の入口の一つであることを承知している。勇気のあるドクターの警鐘は、内々に取り繕ってきた麻薬の問題を、もはやそのレベルではないことを深く印象づけた。

夕食時の会話は、もっぱらシンポジウム。テーマから外れたドクターのコメント。麻薬の話題から始まった。このS学校でも子どもたちの間に常習化しつつあること。職員は連携して、麻薬が子どもたちの手に渡らない方策をあれこれ講じてはいるが、効果があるどころか蔓延していくばかり、手の打ちようがない。オーナーはいくつかの痛々しい事例を話してくれた。この地域のどの学校も、最高の教育の場である、と響きの良い宣伝をしている。実のところ、そう装いながら襲ってくるアメーバーにも似た麻薬との戦いが一方にある。

オーナーは低い声でボソリと言った。

「入ってくる源を徹底して封じ込めなければ無理です」と。

## 2

その十数年前から、インドと中国は陸路でつながった。利便性を求め、中国側の強い要望にインドが応えたのであった。当然交易量は増大した。シッキム、ダージリン地区では九割かた、中国製の製品が陣取っている。少しオーバーな言い方だが、メイド・イン・インディアを見つけるのは難しい。表向きには貿易の不均衡が問題。道路はインドのためになっていない、とインド側では悪評高い。陸路で中国とつないだのは、間違いであったと言われている。

口に出せない本当の理由、それは中国マネーと麻薬の大量流入であろう。中国側から来るバスや車は、国境のチェックポイントの数キロ手前で数分間止まる。スケジュールにはないが、意味があって止まるのである。その間、荷物を背負った人たちが車から転げ落ちるように飛び降りると、茂みの中へと逃げ込んでいく。チェックポイントでの検問をあざ笑うかのように。中国から運ばれてくる麻薬の足取りが手に取るようだ。

S校のオーナーが言っていた「源を断ち切らなければ」とは、このことだと思う。そういえば、シンポジウムで発言したドクターもルートを断つ必要がある、と言っていた。また市井のインテリ女性が言った言葉にも頷ける。

「麻薬は意図的に中国から送り込まれている。インドの若者を壊すのが狙い」であると。かつて中国の歴史の中で受けたつらい経験を逆手にとった現代版麻薬による計略だ、とも彼女は強調していた。

しかし、手をこまねいて議論だけしていても解決には近づけない。これまで単にインド側が見て見ぬ振りをしていたわけでもあるまい。たとえルートを封じ込めても、次の裏技を繰り出してくる輩である。では、とりあえず我々一般人に何ができるかを考えてみた。

若者が麻薬に手を出す始まりは単なる好奇心であろう。予備知識がなければなおのこと、その誘惑は甘美ですらある。それなら若者に麻薬について学ぶ機会をどんどん作っていけばいい。

よくある学校の朝礼で「麻薬に手を出してはいけません」とか、学校周辺のパトロールをするくらいでは何の効果も見込めない。それは単なる気休めに過ぎない。やはり麻薬を科学的に説明する専門家でなくては駄目だろう。学校で年一回は行う講演会にその分野の講師を呼べばいい。そしてその要旨を校内の掲示板に貼る。父兄とも共有する。とりあえずS校の経営者とわが校のCEOに提言してみた。どうせ気休めの対処に終わりそうだが。

その後、麻薬についての講演会があった、とはまだ聞いていない。

## *3*

昨夜の激しい雨はあがり、音のない静かな朝を迎えた。車が人が動かないことが、これほどの静寂をもたらすのかと、ストライキの思わぬ副産物に感じ入った。ストライキも捨てたものではないと。聞こえてくる澄みきった鳥のさえずりも静けさを際立たせ、思わず深い森へ迷い込んだような不思議な非日常の空気感が心地よかった。

ストライキも戒厳令も、ダージリン地区の狡猾なリーダーも今はどうでもよい。穏やかで静かな朝を楽しまない手はない。例えようもなく平和なひと時。どれほどの時間が過ぎただろう。そろそろお茶の時間にしようと腰をあげた途端、静寂が破られた。

シッキムの方向に戦闘機の爆音だ。まさか不測の事態でも起きたのではないか、一瞬、緊張に包まれた。このたおやかなヒマラヤに戦闘機は似合わない。と言ってみたところで、中国とのボーダーはすぐそこにある。

あれは、二〇〇九年七月のことであった。そのとき中国軍が両国の緩衝地帯を越えてインド領へ進攻した。突然のことでインド軍の慌て方は想像できるというもの。インド軍は過剰な防衛になることもなく中国軍を押し戻し、事なきを得た。それでも戦闘機の爆音が山々に響き渡り、シッキムへ通じるハイウェイは三日の間、軍用道路に取って代わった。この地方の住民は、一九六〇年のナツラ峠の印中戦を思い起こし、恐怖で震えたという。何はともあれ、今回は事なきを得て一件落着となったが。

その後の中国側のコメントは興味深いものだった。インド政府の厳重注意に返ってきた中国政府の回答は、「中国上層部の関知するところではない。国境守備隊が退屈のあまり、興じてやったこと。そのような小さいことにかまうほど、中国政府は暇ではないのだ」。その後に、付け加えられた「おまけ」が面白い。朝飯時にはカルカッタを、昼飯時にはデリーを破壊できる中国がそんな茶番劇をするはずがないでしょう、というものだった。

その茶番劇はあちこちで発生している。ラダックの住民の話によれば、雪深い冬の季節を終えて羊を放牧する春、いきなり空からビラと菓子袋が降ってきた。ビラには「ここは中国領です。中国の領地にいるものはただちにインド領へ出なさい」との警告文であった。住民は、天と地がひっくり返ったほどに激昂したが無駄だった。国境が変わっている。確かにインド領土だったはずの彼らの放牧地が中国側領地になっていて、去年どおりの放牧ができない。中国軍は深い雪の中で境界線を変えるのにせっせと働き、インド軍は宿舎で冬眠でもしていたのだろうか。そう憶測するのは皮肉ではないだろう。とにかくインドの領土の一部は取られた。「国境線の認識の違いであった」、インド首相の一言のコメントで問題は終止した。

同じようなことは、ブータンでも起こった。時は、前の王様から現在の王様へ交代する時だった。どさくさにまぎれて、進攻してきた中国軍を阻《はば》めず山岳地の一部を占領されてしまった。それを黙って容認せざるを得ないブータンの王様の心中はいかばかりであったか。刃向かってみたところで、かえって深い傷を負うことは明瞭である。これら中国の茶番劇は一行のニュースにもならないし、伝えられることもない。

## 4

チベット族の正月は、新暦のおよそ一～二カ月遅れでやってくる。チベット族の人々は伝統的な美しい揚げ菓子や数々の料理を準備するのに一週間は費やす。大勢の親族、友人知人が招かれて華やいだ会食を楽しむ。招かれる側にとっても年一度の格別の楽しみの日である。

私を毎年招いてくれるミセス・Kの正月の祝宴は格別。彼女の家の仏壇の飾りつけだけでも「芸術作品」と感動して見入ってしまう。八〇歳半ばになった彼女は足が少々衰えてはいるが知性と酒の量は健在である。

チベット人の家・正月飾りの仏壇

よくぞこれだけの知識と情報を持ち、それを咀嚼している女性はインドでも珍しい。

二〇一二年の正月だった。ミセス・Kは「ミセス・スギモト、二〇二〇年には日本の国はなくなると聞いたが、現実、ありえない話でしょ」と唐突に私に向かってそう言った。耳に入った他のお客もびっくり仰天、とばかりに「どうして？　まさか？」と短い言葉が飛び交った。私はほとんど動揺もなく「中国に併合するってことでしょう？　中国はそんなこと考えているんでしょうね」と反応し、その話の根拠がどこから来たのかを聞き返した。シッキムの有力者たちの話だという。

彼らはまるでプードルのように尻尾を振って中国からの招待に出かけていく。そこでの手厚い歓迎の数々に感激し、どっさり持たされたお土産と共に帰ってくる。そして彼らは口々に言う。インドも我々のシッキムも遅れている。中国は素晴らしい、と。中国賛美の言葉の片隅に出てきたのが、日本はやがてなくなるという話であった、とミセス・Kは語った。ミセス・Kは日本を占領するのも中国の茶番劇なんでしょうよ、と苦笑した。

「日本はブレックファースト、インドはランチかな。デザートはブータンでしょうか」とミセス・Kが付け加えると、客の一人が「ネパールは？」と聞いた。「ご存じのとおりネパールはマオイストの国ですよ。すでに中国領のようなものでしょう」とミセス・Kは切って捨てるように言った。

# 四、メイド騒動とお化けの住む森

## 1

二〇一二年五月中旬。

現地人スタッフ・アルナは「スギモトさん、少し楽になったらどうですか。メイドを雇ってくださいよ。適任の女性がいます」と、私がカリンポンに戻った翌日、待っていたとばかりに問うてきた。

これまで一度としてメイドの雇用をすすめることはなかった。話を聞いてみると、知り合いの女性が生活が苦しいので雇ってほしいというのが本音だった。

アルナは、メイドが働き始める前日、事務所に彼女を呼んで私に紹介した。メイドの年齢は三〇歳。一〇歳になる一人娘を連れていた。大きな目をさらに縁取ったメイクアップ。気合が入っている。この地方では珍しい厚化粧だ。小顔で目鼻立ちがはっきりした美人である。どうみてもメイドには似合わないなあと彼女をじっと見ている私に、「スギモトさん、彼女は完璧に家事をこなせます。私が保証しますから」とアルナが言う。

他人を家の中に入れるのは抵抗がないわけではない。しかし、この際、アルナの保証もあることだからと、働いてもらうことにした。私が出勤したあと、家を空けている間に、掃除・洗濯・食料品の買い出し、そのあと夕食の支度をする。それら仕事が終わり次第帰っていい。週五日、給金八〇〇〇円（標準より少し高め）。それが仕事の条件。

メイドは自宅から小一時間かけてやってくる。行き来に二時間歩くのはこの地方では日常である。一人暮らしの家、時間制限もない。彼女にとっても都合良いと喜んでくれた。

今回のカリンポン滞在が始まって、正直多忙から解放されたと思っている。今までなら仕事から帰る途中、さて、夕ご飯は何にしよう、久々に魚を買おうと魚屋に寄れば、残り物が弱り切って床に並んでいる。結局隣のチキン屋で鶏一羽買うことになる。食事は家で作るもの、それがこの常識。この山の街に総菜屋はない。疲れた体で夕食の支度をはじめる。その時間に決まって停電になる。ローソクの灯で食事。確かにたまには風情である。だが、毎日となるとなんでいつも停電するの、と文句を言いたくなる。以前はそんな日常を過ごしていた。

ところが、メイドが来てくれるようになってからは、夕食が用意された家へまっすぐ帰れる。庭の花が飾られたテーブルで、まだ日が残る間に食事が終わる。掃除、洗濯（手洗い）で忙しかった休日も、ゆったりした時間がとれる。メイドさまさま。なんと有り難いことか。アルナが言ったとおり、メイドは家事を完璧にこなし、料理上手。文句のつけどころがない。今どき、この若い女の子がどこでこれだけのものを身につけたものかと思う。

実を明かすと、他でもない、メイドは現地人スタッフ、アルナの家で三歳から育てられたという。父親の知り合いが、留守にする間、預かってほしいと連れてきた。までど暮らせど知り合いは帰ってこなかった。行き場のない子を育てるのは、この地方では珍しいことではない。アルナの父親もグラハムズ学校で働く給料取りである。育ててもらう子どもは幼い頃から家事や野菜畑の手伝いをする。一二、三歳にもなれば、家事をさばく手際も一人前だ。メイドは、家事を手伝いながら近くの八年制の公立学校へも通わせてもらった。ネパール語の読み書きはそこで覚えた。

ところが一六歳になったある日、彼女は置手紙を残して、アルナの家を出て行った。好きな男ができたので、男と一緒に暮らすと書かれていた。アルナの両親は、嫁入りまで世話するつもりを、恩知らずの娘だと長年勘当していたのだという。

## *2*

カリンポンの街は、山の尾根を削ってできた街。カリンポンという地名は、原住民のレプチャー語で「尾根の遊び場」という意味があるのだと聞いている。その尾根を貫いて、一本の大通りがある。その両側は急傾斜の地形が谷まで落ち込んでいる。両斜面に、はりつくように商店街が段々と連なり遠景は見事に美しい。

尾根といっても、人口は八万人。昼間の人口は倍以上に膨れ、人をかき分けて歩くほどだ。近隣の町や村から物売りに、買い物にと集まってくる。

商店街のはずれに、カリンポンで一番の瀟洒《しょうしゃ》なホテルがある。ホテルの庭から一望する鉢状に広がる山の街は息をのむほどエキゾチックな景色だ。その塀の隣に生垣の門がある。そのゲートから二〇段の階段を降りると、私の大家の屋敷がある。家の脇を通り抜け、さらに二四段の石段を降りる。そこが私の借家である。傾斜地を削って平らにした敷地とは言え、三〇坪ほどの庭まで造成し、桃やミカンの果木が植えてある。冷蔵庫など家具一式を備えた二ＬＤＫ。家族用の貸家を昨年暮れから借りている。

通いのメイドが来るようになって三週間は過ぎただろうか、土曜日くつろいでいた昼前だった。「ミセス・スギモト！」若い男性の声がした。「その声は大家の息子さんじゃないの」とドアを開けると、少しばかり話があるという。玄関口では都合が悪いというので、居間に招き入れた。意味深長な顔をしている。嫌な予感。

「まさか。男が毎日私の家に来ている？　昼過ぎの午後？」。あまりの唐突な息子さんの話に、奇声を上げてしまった。それはメイドが私の家で働いている時間である。「同じ男が通っているの？」「同じ男も来るし、入れ替わりです。うちのメイドたちが確認しているところでは三人です」

何ということだ。メイドが客引きしている。彼女が身を売る場所に使っているのがこの私の家？　どう考えてみても受け入れがたい。しばらく言葉を失い、頭の中は混乱していた。しかし、よーく振り返ってみれば、思い当たることがある。私の枕に一度だけ香水の臭いを感じたことを思い出した。そのときは、あれほどの厚化粧のメイドだから、ベッドを整える際に移り香も付くだろう。その程度に思い、気にも留めていなかった。もともと鈍感で懐疑心に欠ける性格が、見過ごす結果になっている。動かしがたい事実と受け入れざるを得ないだろう。

この三週間ばかり、家事に煩わされることなく、仕事に打ち込める日々が有り難かった。メイドのおかげと感謝していただけに愕然とする。信頼を裏切られた悔しさとでも言おうか。息子さんは、私が困惑している姿を見ながらも、またショッキングな言葉をかぶせてきた。

「メイドを辞めさせる際は、慎重さが必要です。男たちを見る限り、サラリーマンでも商売人でもなさそうです。おそらく、ゴカ・アーミーの幹部たちではないかと推測しています」

最悪の相手だ。当然下手に断ればまずいことになりかねない。「あなただったらどう断りますか？」と私は息子さんに妙案を求めた。彼はその口実を考えていたようで、躊躇なくこう言った。「大家を利用してください」。大家を利用して穏やかに断るのが一番というのだ。メイドを外から頼むくらいなら、大家のところで働く二人のメイドを時間制で使ってくれと押し付けてきたので、大家に逆らえない、と。少々ややこしい感はするが、いっときも早く片付けねばと気が焦る。

メイドと顔を突き合わせて断る必要がなかったのは幸いだった。日頃からほとんど顔を合わせることもなく、たまに会っても彼女はネパール語しか解しない。意思疎通が難しい。今まで用件は、アルナを通して仕事場から電話連絡で済ませていた。アルナに断りをお願いするのに抵抗はあったが、彼女の紹介者であり保証人だから、それしかない。

私は、大家の息子さんの言葉をさらに脚色しながら、「大家さんところのメイドさんたちは時間が余っていて、二人でおしゃべりばかりしているんですって。遊ばせているのがもったいない、とも言っていたわ」。「大家さん強引だからねえ。断れないのよ」

そう私が言った途端、アルナは不機嫌な表情に変わり、「スギモトさんらしくない。大家になんできっぱり断らないんですか。メイドに毎日感謝していたじゃないですか。薄情すぎます」。剣もほろろ、ごもっともな言葉。かといって、本当のことは言えない。事実を言ってしまえば、必ずまずいことになる。息子さんが何度もそう言っていた。

「明日からミセス・スギモトの家で働かなくていい。大家のメイドたちが働くそうだから」とアルナは私の目の前でメイドに電話した。私の断りの文言をそのまま伝え終えると、「わかりました」と短い返事が返ってきた。ほっとするでもなく、複雑な気持ちで重かった。

アルナは腹を立てて、一週間ばかり私に口をきかなかった。彼女が生活に困っているから頼んだんじゃないの。仕事も完璧にこなす娘を断るなんて、と思っているに違いない。アルナには一

○年以上一緒に暮らした姉妹愛のような感情もある。

それから四カ月ばかり過ぎ、ひんやりと秋風が立ち始めた頃だった。アルナの弁当を届けに女の子が事務所へやってきた。見れば、元メイドの娘だった。アルナはちょっと気まずそうな表情で、母親はこの娘を彼女の家に置いてどこかへ行ってしまったという。

「でも最近になって、ゴカ・アーミーのメンバーで頑張っている、と連絡してきたんです。お母さんが元気でいるのがわかって、この娘も明るくなっています」

お互いに禁句になっていたメイドの親子のこと。久しぶりの巡り合いだというのに、こんな顛末になっていたのかと悔しい思いで聞いた。

いつかは本当の話をアルナにはしておきたい、との思いがあった。機会が訪れたのである。食事を終えると、私は彼女の顔色をうかがいながら言葉を選び語った。じっと私の話を聞いていたアルナの見開いた目から、大粒の涙がポトポトと落ちた。

「可哀そうでつらいです」

やっとそれだけ言葉にすると、机に顔を伏せ肩を震わせて泣いた。

思うことは同じ。元メイドが負っているどうしようもない境遇を思うと心がうずく。かといって、手助けの方法も考えつかない。ましてや、相手がゴカ・アーミーであれば、足音も立てず、そうっと離れるしかないのだ。

3

ギダブリンを訪れるのは二回目である。この村から若い六人の研修生たちが、毎週三泊四日の日程で私どもが実施する園芸、農業技術の研修に参加した。それぞれが農業を営みながらの半年間のスケジュールはかなり厳しいものだったに違いない。これら熱心な研修生たちの村を一度訪

米の脱穀作業（カリンポン）

終日ミカンを売る子どもたち

運搬は人力

れてみたいと思っていた。

カリンポンの街から車で三時間、車道からさらに山を降りること一〜二時間、一番遠いところで三時間はかかる。一回目の訪問は車止めに近い粗末なロッジに一泊した。研修生たちの展示舗や各戸の栽培畑をモニタリングして研修の成果に満足した。そのせいか、二〜三時間の山道をアップダウンするのもそれほど苦にはならなかった。

そうは言うものの、研修生たちから、「また、ぜひ来てください」と繰り返しかけられる言葉に、「きっと来ます」と答えながらも、正直なところ、再度は無理でしょうねと内心思っていた。

ところが二度目の覚悟の時が来たのである。ちょうどあれから一年になる。日本米の試作田を見に来てほしい、とリクエストが飛び込んだ。日帰りの過酷な日程だから、とスタッフたちに止められたが同行することにした。

朝六時にカリンポンを車で出発して昼前に村に着いた。山の天気は気まぐれである。あっという間に黒い雲が谷間を覆い大粒の雨が降り出した。傘をさしてのモニタリングは腰まである草のしずくでぐっしょり濡れた。雨は私どもの帰路をも容赦なく阻んだが、何としても森の夜道は避けなければならない。雨の中、登り坂に足を取られながらも、歩き出した。それでも車道に辿り着いたのは、すでに日没少し前だった。

山の夕暮れは早い。一五分も走るともう暗闇の中にいた。道路は雨季の激しさを物語るようにアスファルト道はでこぼこの大きな穴の道。まるで川原のように変わり果てている。穴の連続に車は大きくバウンドし、スピードは一〇～二〇キロがいいところ。前進を阻まれて苦闘する。

道路の両サイドには樹齢一〇〇年以上のスギ林が不気味な深い闇をつくり覆いかぶさっている。スギの森は昼間でも薄暗く、日の光は地面に届かない。二〇〇〇メートルと標高の高さも手伝い、霧に包まれてコケの繁殖を助けている。スギの木のどの枝にも二、三メートルのコケが連なって黒々とぶら下がっている。ゴーストの森である。一人でなんて、昼間でも怖くて歩けそうもない。それが、である。想像もしてみなかったこの森を夜、走らなければならない羽目になってしまっている。

さにあらんや、ヘッドライトに照らしだされる森は落ち着いていなかった。黒く、ふわりとした固まりがあっちへ、こっちへと飛びかっている。思わず声を発した。

「これなぁに！　ねえ、ここには山賊は出ることあるの？」

と聞いてみる。運転を引き受けているスタッフのプラビールは、

「山賊？　とんでもありません、山賊も怖がってこの山には来ません。この山には無数のお化けが住んでいるからです。誰もがそのことは知っていますよ」

「なにー、お化けが？」

「そうです。ゴカランド運動やストライキに異を唱えたり反対運動をした人々が捕えられて、

この森に運ばれてきます。その人たちの霊がこの森に住んでいるんです」

「それ冗談でしょう。そんなおぞましい話、あるはずないでしょ」

と返事しながらも全身の毛が逆立つのを感じた。プラビールは、

「これほんとの話です」と今度は日本語で返した。

「ぞくーっとするわね」と、同行したプロジェクトのワーカー・スラジに、「車の窓全部きちっと閉めてよ。そうすれば少なくとも私たちの車の中までは、お化けは入ってこれないでしょ」

スラジは慌てふためきながら開いていた窓を正確に閉めると、念を入れてロックした。プラビールと私は怖い感情を抑えて、何やかんやと、途切れ途切れに雑談をつないでいた。スラジは恐怖で完全に固まっている。スラジは蛇が大の苦手の男。彼に捕まった蛇は叩き殺された後、一寸ばかりのブツ切りにされてしまう。今年は七匹やったと昼間、得意気に村の人たちに自慢していた。そのスラジも、森のお化けはもっと苦手らしかった。

突然、三〇メートルばかり前方に、白くて大きな三つの影が横切って上の方へ向かって消えた。

「あの白いのは何ですか?」プラビールが上ずった声を発した。

「あれは近くの農家の牛が家路を急いで登って行ったのよ」と私は平静を装ってさりげなく言った。

対向車も来ない。後から追い付いてくる車もない。ただ私どもの車のライトとディーゼル音だ

けが際立って森に響いている。間違っても夜の時間、この森に迷い込んではならないと誰もが承知している。その森を走っているのであった。

点在する集落の灯りが目に入ったとき、正直安堵した。一時間半ばかりの道のりを一〇時間以上走ったような疲れが襲った。

集落から集落へと灯りの中をカリンポンの街を目指して降りて行くと、あの恐怖から次第に解き放たれていた。平常心に戻ると、これまで現実味を伴わない話として聞き流してきたこの地域での「人の失踪」についての疑問がむっくりと私の中に起き上がってくるのを感じた。プラビールに語りかけた。

「私の親しい友人のPさん、彼女を知っているでしょ。去年の話だけど、そのとき彼女の弟さんは自宅でシャワーを浴びていたんですって。ふらりと近所の知人が尋ねてきて、シャワーを終えると、二人は連れだって家を出たそうよ。何の不自然もなくごく普通に。ところが弟さんはそれっきり今も帰ってこない。連れ出した近所の知人は、ただ人に頼まれてその場所に案内しただけ。その後の顚末は何も知らないですって。ミステリアスな話だと思っていたけど、弟さんはあの森のお化けになっているのかもね」

プラビールは、

「それはごくコモンな話ですよ、失踪したその彼も地域で指導的立場の人だったはずです。あの一族はインテリだから、今のリーダーにとって、邪魔な存在だったのかも知れませんね」

「そうね、あの兄弟の一人は外交官やっていた人もいる。今のリーダーの本性も見抜いていたはずだし、リーダーにとって不都合な人間だから消したってわけね」

プラビールはうなずくと、突然語彙を強め、話の矛先を私に向けてきた。

「スギモトさん、あなたも気を付けてください。あなたは時々本心を人前でポロリと言う時があります。気が付いていますか。あれはまずいです。彼らは外国人といっても容赦しませんよ。それなりのトリック使ってやって来ますからね」と今までアドバイスしたいと思っていながら言い出せなかったことを、絶好のタイミングを得たとばかり一気に言い放った。

「わかる、わかる。一応ぎりぎりの線というところで話してたけど、今後十分気をつけるわ。あんな怖い森に連れていかれて一生終えるなんて、まっぴらだから」

素直に返事を返した。

帰宅したのは九時を回っていた。ベッドに辿り着くのがやっと。靴も脱がず眠りに落ちた。

# 五、カリンポン脱出

## 1

二〇一三年一月、カリンポン脱出の準備に取り掛かった。一月中旬、カリンポン入りして以来、継続的にゴカランドのストライキが続いている。この分では今月いっぱいストライキは続くであろう。毎年二月一五日前後には一斉に新学期が始まり、街は若い活気で溢れるはずが静まり返っている。私どもの事業の技術研修も二月いっぱい諦めねばならない。学校の関係者や子どもたちも当分カリンポンに登ってこれないだろう。それならカリンポンに籠もっていても時間の無駄というもの。時間を空費するわけにはいかない。こちらから学校関係者がいるカルカッタに出向いて事務的な仕事だけでも終わらせよう。そして日本食レストランをまわって研修生たちが生産するオーガニック作物や日本米のセールスをやる良いチャンスだ、とスケジュールを変更した。

早朝、レッドクロスマークを張った迎えの車が来た。打ち合わせどおりである。開かずの門をこじ開けてカリンポンを脱出するぞ、と気合が入った。リーダーの事務所へと向かった。事務局職員はそこらに見当たらない。留守番らしい格好の小男が一人背中を丸めてテレビに見入っている。

「誰もいないよ」と振り向きもせずに迷惑そうに言った。約束どおり八時に来たのにそれでは困るのだと大声で言うと、男はテレビのスイッチを切って、じゃあ俺について来いよと歩き出した。連絡係が二、三人そこのロータリーのところで車両のチェックをしているんだと案内した。ロータリーにはギャングの子分風の男三人がかたまってしゃべっていた。通行許可書をもらいに約束の時間に事務所に行ったけど、誰もいない、と現地スタッフのスバシが遠慮がちに言った。

「そうか、二、三分もすればここに来るよ」といとも本当らしく言ったが、一五分経っても誰も現れなかった。二人の男がロータリーを立ち去って行った。歩きながら一人がポケットからピストルを取り出すと、並んで歩く男に素早く手渡した。残された一人の男が私どもに近寄って来て、「幹部の家を直接尋ねたらどうだ」と言った。

それはありがたいと方角と場所を聞くと私どもはメインストリートをまっすぐ歩いた。道路の外れにくると数人の男たちがたむろしている。おそらくパーティに属する用心棒であろう。幹部の男の家を確認すると幹部は家にいないはずだという。ではどこですかと尋ねると、ためらいもなく前のビルを指差し、このビルの三階にいるはずだと教えてくれた。

説明されたとおり、うす暗い螺旋の階段を上って行った。三階まで上りきると、扉もなく広々としたレストランに辿り着いた。そこには思いもしなかった光景が広がっているではないか。四

○人ばかりの客風の男女が数々の中華料理の皿を並べて頬張っている。これが朝食？　豪華すぎる、と思った。何ということだ、ストライキ中の営業は厳しく禁止されているというのに。確かにこれは単なる営業ではない、と直観した。パーティメンバーのたまり場であり、ミーティングの場であり、食事と宿泊の場なのであろう。

このビルのオーナーは中国人。以前この大きなビルは中国人のものと聞いていたが、これまで意識してこのビルを見ることもなかった。全く偶然と言うほかない。ダージリン地区のパーティリーダーと中国人との結びつきをここに見た思いである。単なる噂ではなかったのだ。

中国人のオーナーはレストランにいた。私の姿を見るなり、慌てふためいた。階段を上りきってレストランの入口に突っ立っている私に走り寄って、ここには誰もいない、帰ってくれと両手を広げて追い払おうとした。

私は、「すみません。トイレを貸してください」とトイレに先客が入って行くのを見届けて、客でいっぱいのレストランをゆっくり見廻した。オーナーの中国人男は不意を突かれて怒りをあらわにし、通りの傍の窓を勢いよく開けて下へ向かって大声で怒鳴りつけている。「お前たちは何のための見張り番か？」と。

どんなルートか知らないが、中国からのお金が何人かの手を経てゴカ・アーミーのリーダーやマオイスト集団に分配されていくのであろう。この中国人オーナーもそのルートの一端をまかされている一人に違いない、と思った。

## 2

結局、幹部はここには来ていない、と追い返されて道路へ戻った。途方に暮れるとはこういうことかと行き詰まった。突然ドライバーが私の地域にも一人パーティ役員がいます、と言い出した。

「どうしてそれを先に言わないの？　じゃその人が自宅にいるかどうかを確認してよ。今から行くと言ったら駄目だよ、逃げ出すから」とドライバーにお願いした。在宅だと確認すると慌てて車に乗り込み、来た道を戻った。ガソリンが僅かなのに気付いた。ドライバーは何とか持ちますと私を安心させた。ストライキ中はガソリンスタンドも例外なく休業である。闇のガソリンを調達するのもドライバーの役目。一苦労である。

さて、地域役員の男はギャング風ではなかった。物腰のソフトな、少々頼りないが物分かりの早い男だった。ありがたいことに、男は私を知っていた。以前「食と健康プロジェクト」でこの地域の女性たちと幾度も接していたことを思い出した。現地職員のスバシがネパール語で事情を説明すると、

「私でお役に立てば！」

とすぐに党役員用のレターブックを持ちだしてきて通行要請を書きだした。書き上げるのに二〇分はかかった。その間、男性の娘が私の傍に座って家族の話をした。彼女はドクター・グラハムズ学校の卒業生だった。英語が美しいのはそのせいだと思った。父がパーティの地区リーダーを引き受けてから家族全員に安らぎはない。常に警戒が怠れないこと。警察が一日に四、五回は見廻って家の中まで入って来てチェックする。身の危険を感じることもしばしばだという。

通行許可要請書を書き終わった男性は、ぜひお茶を飲んでいってくれというので、気は急ぐが一服した。この男性はおそらく、ゴカ・アーミー役員としての自分の立場と警察との関係、その狭間で苦悩しているに違いない。初期、彼の意志はゴカランドを独立させ自分たちの新しい国をつくる運動員の一人にすぎなかった。その目的は年月が経つにつれ漂流し、その果てに足が抜けない立場になってしまった。気の毒な男なのかもしれないと思った。

日頃、テロやストライキを仕掛ける側に立って考えてみることはない。ゴカ・アーミーと称する人たちの思いや置かれた立場もさまざま。たとえ引き返したいと思ってもそれも難しいのであろう。ゴカ・アーミーの戦闘訓練を受けた村の若者が語った洗脳教育の言葉を思い出した。「敵は警察と政府機関」。この言葉を役員に問うてみた。案の定、彼は自分が警察の監視下に置かれている現実に、自戒の念というか、家族、親族への後ろめたさが重いのだという。警察や政府機関に内なる敵意はみじんも持っていないと言い切った。

日頃、ストライキは迷惑千万辟易がおおかたの住民の評価である。我々のゴカランドをインドから取り戻し、独立しようという当初の目標はどこへ行ってしまったのだ。誰もがわかりきっている。それだけに、このストライキには妙な怒りがこみ上げる。急ぎゴカ・アーミーの事務所へ戻った。

地区リーダーが書いた通行要請の書面を一読するなり、事務所にいた男はサインをして「許可だ」と言った。「え？　ほんとにいいの？」とこちらが問いたくなるほどあっけなかった。

ダージリン地区に設けられた二カ所のチェックポイントを通過すると、そこには自由の世界が広がっていた。地獄から天国へ。それが正直な気持ちの表現である。

避難してきたカルカッタは、相変わらず混然と人がひしめきあっている。全てが混ざり合ったカルカッタだけが持つ異臭。心地よいものではない。それでも心は穏やかでいられる。ホテルに落ち着くとしばし放心状態になりひとまず一休み。カルカッタの街の騒音もなぜか優しい響きにさえ思えるのはなぜ。家に閉じこもっておれとか、働くと罰するぞ、などここには誰も問うものはいない。不条理な束縛を受けない日常がこんなにも安らぐものか。それが当たり前。その当たり前がなぜか心底有り難い。

入院中の病院の窓から
（グルガオンで）

三部
# インド医療に救われた命

# 一、緊急入院、手術へ

## *1*

二〇一三年五月一〇日午前一一時。外気温四三度のインドの真夏の太陽は、乾いた大地の温度を容赦なく上げていく。私は、検査用の細長いベッドに横たわって、ぶるぶる震えている。検査室は、二〇度くらいに設定されているのであろう、木綿の検査衣一枚では、寒すぎる。

昨日の朝だった。尋常ではない背中の不快感に、これは只事ではないと三時間かけてカリンポンの山から降りた。友人に紹介された小規模の総合病院ドクターチャン病院にやって来たが、幸い小規模とは言えない腕のいい心臓外科医がいるという。それだけで、救われた気持ちになっていた。

病院に到着するやいなや、心電図、血圧、脈拍等を診るモニターを取り付けられ、ＩＣＵ（集中治療室）の患者となり、これから心臓カテーテル検査が始まろうとしている。ドクターは、二人のスタッフに指示を出し、各種の確認に、限られたほんのわずかな時間ではあるが、準備に集中している。

「これから始めますよ、ミセス・スギモト。楽な気持ちでいてくださいね」と声をかけられた。楽にと言われても、なぜか血液が凍り、流れが止まったかと思うほど緊張が全身に走った。サイコロはどう出るのか、運命の分かれ目である。判決を待つ心境ってこんなかもしれないと横たわりながらも、あれこれこれからのことなど思いを巡らせていた。

間もなくして、只事ならぬドクターの言葉が、ストレートに耳に入ってきた。

「これは、なんだ。ひどすぎるじゃないか。左側総詰まりではないか。ステントを入れた右側だって、ステントの長さが足りていない、フラフラだ」

血管造影していく部位の指示とともに所見のやり取りがスタッフの間で交わされている。とどめは「これはステントのレベルじゃない」の一言。一瞬、死刑を言い渡されたようなショックで検査台の上で硬くなった。

検査室を出ると、診察室に私の二人のスタッフに同席してもらい、画像を見ながら詳しく説明を受けた。素人にも、問題の部位は読みとれた。余りにも無惨な画像を、長く見るに耐えられないと思った。ドクターは、私の目を直視してきっぱり言った。

「あなたは、バイパス手術以外生きる道はありません」と。

私は、反射的に聞き返した。

「ドクターは、そのバイパス手術ができますか?」「もちろんです」「自信はありますか?」「もちろんです」「では、私は決めます。ドクターにやっていただきます」

短く単刀直入なやり取りのあと、数分のうちに冷静を取り戻し、心は穏やかだった。平静を取り戻すと、いくつか疑問点が浮かび上がった。質問して納得したかった。

「私は、ご存じのとおり、一カ月前に心筋梗塞を起こして右冠動脈にステントを入れてもらいました。それがきっかけで、左冠動脈に異変を起こしたということでしょうか？　そのため左側が総詰まりになったとか？」

ドクターは、「とんでもない。おそらく七年も一〇年もかけてこの状態に至ったものです。あなたの場合、特に左側の重要な部分が、ほとんど詰まっている上に、筋肉が動脈を徐々に抱き込み、正常な働きを抑制する珍しい所見がありますね。さっきの画像で説明したとおりです。一年や数カ月で変化するものでは決してありません」

「では、一カ月前にステントを入れた際、左側を見落としていたということですか？」と私は続けて質問した。ドクターは、

「そのとおりです。残念ながらそういうことになります。その上、入れられたステントのサイズが、前後一センチずつ足りていません。これについても、画像でご説明しましたね。この部分も、改善する必要があります」

「これで納得がいきました」と私は言った。ドクターは、穏やかな表情で次を続けた。

「あなたは、とてもラッキーな人です。そしてあなたが、インドに来ていたことも幸いでした。日本にそのままいたら、自分の心臓は、もう大丈夫だと思い込んで、少々の不快感や違和感は見過ごしていたでしょう。ということは、突然重大なハートアタックに見舞われ、あなたの人生は、終わったかもしれません。そう考えてみると、私もあなたを診察したことを、とても嬉しく思います。あなたも、もう一度新鮮な人生を迎えることができるんです」

私は、「インドの神様に感謝です。治療が終わったら、ぜひご一緒に乾杯しましょう」と答えるのが精いっぱい、胸いっぱいだった。ドクターに感謝しつつ診察室を出るときは、すがすがしく、何か得をしたような気分になって、足も軽やかであった。

ICUのベッドに戻ると、早速手術に向けた準備が始まった。一週間後の手術を見据え、血液サラサラの薬も止められた。

## *2*

JICA（国際協力機構）のインド事務所所長が、月曜日に病院を訪れると連絡が入ったのは、心臓カテーテル検査のあと一眠りした後だった。どうして？　こちらからは何の連絡も入れていないのに知っているんだろう。私は、一瞬当惑してしまった。何しろ迷惑をかけてはいけない。心配かけてはいけないから、ある程度治療方針が決まってから報告しようということを、職員とも話し合っていた。正確な病状と手順など、ショックの少ない方法で伝える必要がある。それにしても、誰からＪＩＣＡに伝わったのだろう。デリーの友人のハルミートではないはず。昨日彼女から電話が入った時、入院したことは伝えたものの、友人のドクター・アシャ以外誰にも話さないよう、強く頼んでおいたから。ＪＩＣＡから電話を受け取った職員も、意表を突かれ、うろたえていたせいで、情報の入手経路を聞きそびれていた。

ＩＣＵのベッドに横たわった姿で誰にも会いたくないと思っていた。ましてや、事業の担当者ではなく、所長が来るとなると、どんな顔をして会えばいいのだろう。ただでさえも多忙なスケジュールの業務にきりきり舞いしている所長が、他をキャンセルして、こちらに向かって来るとは。多忙さを知っているだけにいたたまれない気持ちである。頭の中は混乱したが、この身では開き直って観念するより他になかった。

精神的な疲労からか、いつの間にか眠ってしまったのだろう、目覚めると、ドクターが、満面の笑顔で足もとのベッドの柵に両手をかけて立っていた。心臓カテーテル検査の後の辛く厳しい表情が一変している。

「気分はどうですか、よく眠れたようで、よかったですね。全て大丈夫ですから……」と白い歯を見せて笑いながら、私に話しかけた。

「ドクター、私は手術のことは今なにも心配していませんよ。ただ、心配事が発生したんです。

明日、ＪＩＣＡインド事務所所長が病院へ来るって、連絡が入ったんです」

ドクターは、声を立てて笑いながら言った。

「じゃー、あなたは、ベッドの下に隠れてください。その間、私が対処して安心して帰ってもらいますから。実のところ、私にも電話が入りました。ドクター・ササキ、ＪＩＣＡオフィスのスタッフからです。一とおり、予断を許さない状況であることはお伝えしました。ドクター・ササキが言っていましたよ。ミセス・スギモトは、インドと結婚している人だから、まあーこういうこともありでしょう……と」

「ひやあー、いい表現ですね。インドと結婚しているって」と、私はつい微笑んで答えた。

「まだ聞いていますよ。これは別からの情報です。あなたは、自分が死ぬようなことになったら、カリンポンで灰にして、灰はヒマラヤに撒いてほしいと遺言しているようですね」とドクターは、次々繰り出してくる。

「いやー、ドクター参りました。あなたは、何でもご存じです。誰からの情報か知りませんが」と降参すると、「そう、ドクターは、患者に関する情報は、できるだけ多いほうがいいと。というより病状と合わせて知っておくべきなんです」

「私は、何もかも安心です。大船に乗った気持ちで、治療に専念しますから」と交わす雑談でリラックスした。ドクターは真面目な顔つきになった。私の病状のデータを彼の友人である日本人のドクターに送って意見を求めたいと切り出した。

「できれば手術の前に意見交換がしたいと思っています。ドクター・オカモトという人です。ベルギーで研修医をしていた病院で一緒に働いていました。技術、人格ともに尊敬できるドクターです」と当時を思い出すように、ドクター・オカモトを語りながら私の了解を求めた。

「私には何の異存もありませんから、ドクターにお任せします。存じ上げないドクターにどうかよろしくお伝えください」と快く承諾した。

人の巡りあわせは、どこか不思議で面白い。そう思って頷いていると、ドクターはもう一つ大事なお願いがありますと次なるお願いを切り出した。私にステントを一本設置した宮崎の病院に連絡をとり、データの交換と病状についてスカイプで話し合いたい。今後の治療方針に生かしたいから協力してくれないか、というのだ。それは最良の方法だ。しかし待てよ。宮崎の病院側が見落としを安易に認めるはずもないだろう。それならば、連絡を取り合うことは無意味に思えた。それに加えて、英語でのやりとりがスムーズにできるのだろうか。と瞬時に疑問が生じた。恥をかかせてはならないとおかしな日本人擁護（プライド）の感情に押されて戸惑った。

「一応連絡はしてみます。ですが多忙な病院なので対応できないと思います」とひどくそっけない返事になってしまった。ぜひ、あなたの病院と話し合いたいからメールアドレスを教えてくれと繰り返しドクターは懇願したので困った。とことん理詰めで相手のミスを納得させ、その上で今後の処置は自分に任せろ、というインド的気質が読み取れた。

## 3

ＪＩＣＡインド事務所の江嶋所長は、ジーンズに半袖シャツと、ラフな格好で息を切らせてＩＣＵの私の部屋に飛び込んできた。ベッドに駆け寄ると、

「大丈夫ですか？　いや、ほんとうにびっくりしました」

「お忙しいところ申し訳ございません。こんな格好でお会いするなんて、恥ずかしくて、どんなふうにお詫びしていいのか分かりません。さいわいに信頼できるドクターに診てもらっていますので、どうかご心配なさらないでください」というのが精いっぱいだった。

このインドの夏の最中、今日の外気温は四〇度をはるかに超えているだろう。タクシーのエアコンも道路の炎熱であまり効き目はないに違いない。そんな中、所長は多忙なスケジュールを無理に変更して、わざわざ駆けつけてくれたと思うと、有り難さで胸が詰まり声がうわずって思うように話せなかった。

「所長がお見えになるのは、ドクターも承知しています。病状の説明は、ドクターに直接聞いていただけませんか」とお願いし、今の時間ドクターの都合がどうか、付き添いのスタッフに伺いに行ってもらった。

所長には一とおり、この病院を訪れた経緯について説明し、心筋梗塞は発症していないので、さしあたって緊急の事態ではないことを話した。所長は、少し安堵した様子で、一息入れ、部屋を見回しながら「ＩＣＵとは言え、緊張感もなく設備も簡素なものですね」と話しかけた。

「そのとおりですね。患者も一般病棟に入っている気分でしょうか。隣のベッドは、シリグリ市の警察署の偉い方だそうですけど、関係者や部下たちが次から次、何十人とそれも土足で入ってきて、患者を取り囲んで大声でしゃべりまくり、騒々しくて大変です。ベンゴーリー（インドベンガル地方の民族）は、特別大声でしゃべるので有名ですから」と、隣の患者について雑談し平常心を取り戻していると、ドクターから所長と面会するという連絡が入った。

所長は、興奮気味に顔をほてらせて、診察室から戻って来た。

「心臓の話を、これほど詳しく聞いたのは初めてです。いやー心臓について何も知らなかったですね。心臓カテーテル検査の画像を見せながら、病状の説明をわかりやすく説明してくれて、よくわかりました。右側のステントを入れたとき、重症の左側が見落とされていた。ハートアタックが、いつ起きてもおかしくない状況。左側の詰まりが何カ所もあって、複雑なため、バイパス手術しか治療手段がなく、手術は免れないという説明でした」

「私も同じ説明を昨日聞きました。この際、観念して手術を受けます。ドクターに手術は自信があるかと聞きましたら、自信あると意欲的でした」

所長は、はあっ……と驚き、険しい表情になって「それはダメです。ここではダメです。デリーに移ってもらいます」と慌てた様子で、この病院での手術を必死で止めた。インドで死なれては困る。ここで死なせるわけにはいかない。そんな所長の強い想いに押されて戸惑った。

実のところ、この病院のオーナーの奥さんとつき合いのある友人の紹介で、ここに来るに至った。友人は、昨晩私を見舞った後、インターネット上でこのドクターのキャリアをチェックし、早朝その情報をもってやって来た。ドクターは、この病院に勤務をはじめて二年半、その間一〇〇例のバイパス手術を行った。成果は一〇〇パーセントの成功率だという。この病院に勤務する前は、研修医としてベルギーの病院に三年間の勤務経験があるという。この情報を聞いて、私はこの病院を選択する気持ちに傾いていた。

この病院は中国人が経営し、経営者でもある院長は、権威ある脳外科医の一人であり、ウエストベンガル州において、この分野で知られるドクターである。病院の規模は小さい。ドクターが約二〇人、ナース、アシスタントを加えて約二〇〇人の医療スタッフがいる。ベッド数二〇〇床というところ、正確ではないが、ここのナースから聞いた情報である。

このシリグリ市の人口は、およそ一〇〇万人である。日本なら大都市というところだから、医療事情もそれなりに充実しているのではと想像したくなるが、そうではない。辛うじて、デリーやムンバイの一流病院の分院が二、三あり、やや大きい規模で存在している程度である。小規模の病院は結構ある。これらの病院は、クリニックの医師が自分の患者を入院させ、時々診察に訪れ経過を観察する形式になっている。これにはかなりいいかげんな医者が多いという情報がある。患者を病院にあずけているだけで、回診には一日一回もやってこないこともあるという。無責任な医師が多いことも確かだろう。以前私にもそれらしきことがあったことを思い出す。クリニックで診察後、なぜか病院に移動させられた。病院のベッドで半日待ったが医者が現れず電話連絡してみた。心配しないで待てというだけだった。業を煮やして勝手に帰ってしまった経験がある。

このあたりの住民は、そのあたりをよく弁《わきま》えていて、裕福な人たちは、大都市の質の高い病院に行ってしまう。インドの医療レベルそのものは高いと聞く。それは間違いないだろう。腕利きのドクターがいる設備の整ったデリーやグルガオン、マイソールなどの病院、貧富の差と同じく、医療の格差も天と地ほどに大きい。

さて話を戻そう。私がいるこの病院は、医療の貧しい地域にあって、脳神経外科を病院のプロパガンダにしながらも、内科・小児科・呼吸器科など総合病院として頑張っている。地方では、先進的病院といえる。そして三年前、心臓外科を加え、技術を備えた腕利きの医師を確保し、定着させようとしている。自ら地方病院を選び、チャレンジするドクターを見ていると、もっとキャリアを積んでもらいたい、そして、質のよい医療を地方に提供してほしいと思う。せめて、住民が自分の住むその場所で、よい医療が受けられる環境が整うことを願わないではおれない。三〇〇〇キロも飛行機で飛んでいかなければ、十分な医療が受けられないというのは、患者や家族への負担があまりに大きすぎる。そんな想いが、この地方病院で手術を受けようと決めた動機でもあった。私一人の手術で地方医療が変わるなんて大それた思い上がりは微塵もないのだが。

## 4

所長は、必ずデリーに移って手術を受けるようにと、幾度も念を押して、その日はホテルに引き上げて行った。こっそりと、このシリグリで手術を受けようと決心していたので、さて、どう選択すべきかと気持ちは揺らいだ。人に心配と世話をかけることに罪の意識を感じて悩む性癖があって、所長が帰った後もあれこれ考え込んだ。

このインドの夏の最中、デリーとバグドグラの直行便のチケットを手に入れることは、とても難しい（富裕層が集中するバグドグラ空港はデリーからダージリンへの玄関口であるから）。ダージリンは夏の避暑地として、また、おいしい紅茶の産地として、イギリス植民地時代に開発された標高二〇〇〇メートルの高原の街である。今はインドの都市部の富裕層に人気のある避暑地としてバグドグラ行きは、最大限増便される。それでも避暑客に十分な座席は確保できない。その上、航空料金も通常六〇〇〇〜八〇〇〇ルピー（一万二〇〇〇円〜一万六〇〇〇円）のところが、ここぞとばかり料金が三倍に跳ね上がる。そのため、急用の人たちは便数の多いコルカタに飛び、そこからバグドグラへ入ってくる経路をとることになる。時間とお金の大きなロスになるが、それが唯一の選択肢となる。所長は、その経路で二日間の貴重な時間を犠牲にして駆けつけてくれた。

翌日、所長はデリーに戻る途中、再び病院を訪れてくれた。早足でＩＣＵに入って来た。私のベッドのそばまで来ると、カバンを床に置き言った。

「実は、ホテルに帰ってから、ここのドクターにもらったアンギオグラフィー（血管造影検査）など全てのデータを東京のＪＩＣＡの顧問医に送って、所見をもらいました」

「えっ！　こんな早朝に？」「いや、東京は勤務時間ですから」「ああそうです。時差をすっかり忘れていました」

「まず、結論を言いますと、ここのドクターの説明どおりでした。非常に危険な状況にあるということです。左側が全体的に詰まっている。右側のステントを入れたとき、なぜ左側を見落としたのか。この状態は、二カ月前も同じであったはず」。悔やまれる状況であると、顧問医の所見を明快に話してくれた。

次いで所長が発した言葉にハッとした。「いやー、これは裁判問題ですよ。宮崎の病院は、許せませんよ」と、少々興奮気味に付け加えた。その言葉で、気持ちと体がずいぶん軽くなり、楽になったような気がした。というのも、無謀に宮崎を飛び出して来たわけではない。ステントを入れて一カ月も経てば、通常の生活に戻って大丈夫。ただ無理をしないよう、そして十分な休息をとるよう心がければ、問題ないと、掛りつけの医師から指導を受けていた。私はその言葉を信じていた。

「確かに裁判問題かもしれません。でも、裁判に持ち込むことは考えません。実は、子どもの頃、明治生まれの母親に聞かされていた言葉を思い出します。医者というものは、患者を三人殺さないと一人前の医者にはなれないんだと。一人前の医者になってもらうには、犠牲になる患者も身を捧げるしかないんだと。今ごろこんな話をすると、すこぶる問題ですね。しかし、不思議にも我が身に浸み込んだ言葉は頑固に残るものなのですね。私の場合、危ないところをインドの神様に救われようとしています。私の命など、ちっぽけなものだと思っていました。こんな状況になってみると、自分の命もいとおしいものです」

所長から「裁判問題ですよ」と発された言葉で、十分救われた気分になって、裁判など毛頭考えもしなかった。

所長は、カバンの中から用紙一枚を取り出すと、「手術する病院ですけどね、やはりこの病院ですするのは考え直してください。昨日事務所のスタッフに心臓外科で信頼できるデリーとグルガオンの病院のリストを送ってもらいました。ＪＩＣＡの職員が推薦する病院は……」と、私も知っている有名な病院名が列記されているリストを見せてくれた。

所長は、ＪＩＣＡに近くて、職員の推薦する病院が一番だと薦めてくれた。こんなとき、きっぱりと決断して、自分の気持ちをはっきり言う。私にはそれができないのが大きな欠点であり、今回も同じである。じれる所長に「参考にさせていただきます。できるだけ早急に決めてご連絡します」と煮え切らぬ答え方をして所長を見送った。悩んでばかりで、煮え切らない自分がこんなとき嫌になる。

実は、昨日デリー（正確にはグルガオン）の友人から、グルガオンのメダンタ・メディシティー病院に転院するよう電話が幾度も入った。彼女の家から五分と近く、術前・術後の世話が楽であることもあるが、それより、メダンタはインドで最も信頼できる病院であることが第一番目の理由だった。メダンタのことは時々耳にしていた。しかし、関心をもって聞いたことはなかった。自分が、このような重篤な病に直面するなど予想することもできなかったし、ましてや異国の病院に入院するなど考えてもみなかった。しかし、親しい友人のドクター・アシャが、最近メダンタで働き始めたとは聞いていた。アシャは四〇年もの長い間、デリー大学の医学部で教えていた。その経験を買われたのだろう。メダンタの医学部で再び教え始めていた。三番目の理由は、それだった。……その証拠に、昨日の夕方アシャを通して、すでに私が入院中のこの病院のドクターに、私の検査結果等データの送付依頼があった。私の承諾後、全てのデータはメダンタのハートセンターにすでに送られている。

## 二、インドの医療事情——ＩＣＵの一週間

### *1*

ドクター・チャン病院のＩＣＵは、通路を挟んで、四つのベッドがあった。私のベッドは、ナースステーションに一番近い所だった。私は絶対安静で血圧・呼吸・脈を常時チェックできるモニターをつけられ、二四時間監視された。

隣のベッドには、中年のいかにもエネルギッシュで脂ぎったベンガルの男性が横たわっていた。そのまわりを五、六人の警察官らしい男どもが取り巻き、大声で患者の男と話している。患者は、警察署の関係者らしい。ベンガル人特有の誰にも遠慮などしない大声で、唾を飛ばしながら騒ぎ立てる。とにかくうるさい。消灯時間まで入れ替わり立ち替わりの訪問者で際限ない。ＩＣＵは、土足禁止である。そんなことは、おかまいなしで、「俺たちは、警察官だよ」と言わんばかりである。警察官は、何でも許されて強いのだ。

次の日も、ＩＣＵのこの状況は変わらなかった。これほど、大声でしゃべれて、元気な男が、なぜＩＣＵにいるのか不思議でならなかった。思い切ってＩＣＵ担当の女医に、「私は、この病

状で身体がきつく、大変迷惑している」と少し大げさだが不満を漏らした。女医は、自分自身も困惑していたと言い、患者のクレームに勇気をもらったのか、毅然としてベッドを取り囲む男たちの中に割って入り、「ＩＣＵでの、病院の規則に従ってください」と注意を促した。一瞬、静まったが、一〇分ともたなかった。

この病院長の奥さんは、ほぼ毎日私を見舞ってくれている。食事の内容はどうだったか、味はどうかなどが主な話題だ。さっき、女医さんが、隣の見舞客に苦情を申しつけたことを話すと、コトコト笑いながら、「この人たちの文化ですからねー。どうにもなりません」と初めから諦めているようだった。

夜九時を過ぎ、見舞客も引き上げて行く。急に静かになってホッとするのも束の間、次の騒音が始まる。警察署勤めの患者は、喋り疲れですぐ眠りにつくのであろう、大音響のイビキのはじまりとなる。野獣のようなイビキが夜通し響きわたるので、ＩＣＵの患者を眠らせてはくれない。例にもれず、私も眠れなかった。そして、翌朝ドクターがちょうど回診に訪れたとき、気分が悪くなって吐いてしまった。その後、不眠と嘔吐の疲れで午後のティータイムまで死んだように眠った。目覚めると、周りが嫌に静かになっている。隣の警察署の患者がいない。代わって、腹が風船のように膨らんだ六〇歳ばかりの女性が仰向けに寝かされている。女性が一呼吸する度に腹風船は、胸の上方へ移動し、息を吐くと下方へと移動する。初めて見る奇妙な容態に驚いたが、何とも本人の苦しさはいかばかりか、息も絶え絶えであった。

「どう？　すっかり静かになったでしょう」と院長の奥さんのミセス・チャンが夕食前に見舞ってくれた。あの警察署の患者はどうなったのか聞くと、もう一段階重度の患者を収容するＩＣＵに移動させたという。あの患者は、ご自分の病状をご存じないのです。気の毒なことですが、心筋の九〇パーセントがつぶれていて、ここでは治療に自信がないので転院の手続き中です。コルカタの病院へ移る予定だと教えてくれた。わずか三八歳でシリグリの警察署長のポストであることも、このとき知った。「若くて、偉くなっちゃって、ストレスも相当だったんでしょうね」と同情の念も湧いて、ミセス・チャンに言葉を返した。

僅か一〇パーセントの生命の火。それが燃え尽きようとしている。それなのに、あれだけの大声で話し笑い声を立て、ひっきりなしに尋ねてくる警察官たちを相手に喋りまくる。最後の命を爆発させているとも見えた。自分だってそうだ。背中の不快感を無視して、「これくらいのことで」と放っておいたなら、わが命も僅か二〜三週間で終わっていたかもしれない。と人間の憐れみと命のもろさをしみじみ想った。どうも人事にばかり関心が行き過ぎている。

## 2

遅い夕刻。「今日は、静かになったせいか、元気そうですね」とポロシャツ姿の主治医のドクターがやって来た。仕事を終え、帰宅前に寄ってくれたという感じである。

「警察署長は、部屋替えになったようですね。私がうるさいなんて、文句を言ったもんだから……」

「いえいえ、先ほど、彼はコルカタの病院に向けて、車で発ちました。コルカタの病院から救急車とドクターが到着したので……」

「相当心筋がやられていたのですか？」と聞くと、「そうです、ここを発つときは、九九パーセントの損傷でした」

「コルカタまで、ゆっくり車で走れば一二時間以上かかりますね。あの河原のような悪路を走るんでしょ。一パーセントの心筋で持つでしょうか？」

「そう、後は神の手に委ねるしかありません」とドクターは話しながら、患者が死を迎える前に、この病院からリリースできた安堵感を、その表情に滲ませていた。警察署長を預かる責任が、この病院では重すぎるということが容易に理解できた。

腹風船の老婦人には、小太りの中年息子が付き添っていた。太っている人には、猛暑は過酷である。Ｔシャツから滴る汗が、臭《にお》ってきそうだ。母親の病状の心配と院内のさまざまな手続きで、母親のベッドと一階の事務所を幾度も行き来している。

四時のお茶の時間。運ばれたブラックティーとビスケットをベッドに座って食べていると、その息子は、薬がいっぱい入った大きなプラスチックの袋を下げて、ＩＣＵに戻って来た。母親のベッドに突進するなり、大声で母親に訴えるように話している。その後、早足でナースの詰所へ行くと、大声で怒鳴り始めた。「入院料が高い。薬代が高い。病人の弱みに付け込んで、金を巻き上げるとは何事だ」と。

私は、耳に自然に入ってくる会話を聞きながら、多分料金は、妥当な請求になっているに違いないと思った。ボッタクリはしていないだろう。しかし、患者の生活レベルによっては、とんでもない高い料金に感じてしまう。格差の大きなインドならではの感じ方の違い。ことに、医療の世界でこの種のすれ違いのトラブルが発生するのは珍しくなく、むしろ多い。

インドの公立病院は、基本的に診察費は無料である。通常、貧しい人々は公立の病院にかかる。もちろん、公立病院は、よい医療が受けられ設備も整っている。貧困層の人口の割合は高く、公立病院の患者数は、人口に比例してめちゃくちゃ多い。患者は待合室からあふれ、いつも汗の臭いでむせている。病院のスタッフは、どうやってこの人数を捌《さば》くのかと不思議でならない。

重傷で治療費の嵩みそうな患者には、専門性の高い私立病院を紹介される場合も多い。勧められるのは、もちろん私立病院であるから診察や検査には相応の料金がかかる。貧しい人たちも家族を救いたい気持ちは同じ。医療費がどのくらいかかるか、見当もつかないまま、私立病院に運び込む。ところが、現実は厳しい。治療前にまず前金の請求をされる。料金はケースバイケース。

それを済ませて初めて診察が受けられる。診察の後、必要な検査、予想される手術や治療に必要なおおよその費用を算出し、再び前料金の支払いをすることになる。それが払えないと、たとえ緊急患者であっても、病院を後にするしかない。

病院に辛うじて入院できたものの、恐ろしい展開になった事例もある。親しくしているミセス・ヒーシーから、つい先日聞いた話を思い出した。

それは、二〇一〇年の出来事である。このシリグリ市のある病院でその事件は起こった。インド国境に接するネパールの村人が、シリグリでは名の知れた私立病院に運び込まれた。かなり重病であったようだが、病名は覚えていないとミセス・ヒーシーは言った。

入院から一週間もたずに、患者は死亡した。家族は、病院から受け取った医療費の請求書に驚いた。手元の持ち合わせで支払える金額ではない。ATMで貯金を引き出すなど別次元の社会に暮らしている人たちである。家族の死を悲しむゆとりもなく、困り果てた末、病院に後払いを申し出た。しかし、非情にも承諾してもらえなかった。支払いを終えないと遺体は渡せない、の一点張りであった。悲嘆にくれた家族は遺体を残し、急ぎ村に戻った。金策にである。親戚や近所を駆け回っているうちに数日が過ぎていった。その間病院では思いも及ばない恐ろしい事態に直面していた。医師と看護師が原因不明の病気でバタバタと倒れ、次々に死んでいった。亡くなった人は一〇人前後だったとミセス・ヒーシーは記憶している。そのため、医師と看護師そして職員のほとんどが職場を逃げ出した。間もなく、その病院は閉鎖に追い込まれた。嘘のような本当の出来事であった。

さて、余談から戻る。私のベッドの隣に横たわる異常に腹が膨らんだおばあちゃんも、息子が薬だけを買い求めて、自宅に連れ戻って行った。危篤の状態であったと、後でナースに聞いた。通路を挟んで前のベッドには、まだ三〇歳にならない若い男性患者が重りを足に吊られて寝ていた。足の切断手術しか治療法がないとドクターに告げられ、専門医へ転院を勧められたが治療費がなく、やはり家族が自宅に連れ帰った。

ＩＣＵにいた一週間の間に、映像の早送りを見ているように、一五人ばかりの患者が入っては帰って行く、めまぐるしいドラマが繰り広げられた。医療保険制度に守られている日本の医療事情のありがたさを強く感じさせる体験であった。

貧しいゆえに必要な治療が受けられないと言えば、それは違うとインドの人々から異論が飛び出しそうである。そう、インドの多様性は医療の世界でも同じで一様には語れない。ランクも技術も上下さまざま、インドに限らず、どこでも同じと言われてしまいそうである。そう、医師に医師としての意識の違いも大きい。世間では、個人病院は医術よりも、どれだけビジネスとして利益が上げられるか、ビジネス志向も目立っている。モラルの低い病院のドクターは、病院で、〇〇の検査を受けてくださいと患者に促す。患者は、わらにもすがる思いで検査を受けに行く。

そこまではいい。検査をした病院は、紹介したドクターに紹介料を然るべく支払う。治療や手術においても同じようなことが行われているという。勝手な言葉だが、ブラックシステムとでも言おうか。政府運営の病院と個人病院の関係も単純なものではない。地方は、このブラックシステムの横行で医者の懐を満たしているともっぱらの噂である。最も貧しい人々は見限られる。そこそこ医療費が支払えるランクの人々は、ブラックシステムによって数カ所の病院に廻される。医者の利益の配分のために。「病気の治療も金次第」切ない人間の欲に廻されながら。

## 3

技術・モラル・設備などすべてにおいて、インドには優れた病院が思いのほか多い。インドの名誉のためにも強調して言っておきたい。私が入院しているこの病院も、シリグリ市中では、優れた良質の総合病院といえる。経営者は中国人夫婦であり、夫は脳外科の名医としてウエストベンガルでは知られている。院長の奥さんは、一日二回は、私を見舞ってくれ、一五分ばかりの雑談の中から、さまざまな情報を提供してくれる。彼女は時間があると病院中を見廻る。電気が切れていると、直ちに担当者に指示して修理させる。患者の窓口相談も、彼女が担当している。貧しくて、薬が買えない、治療費が払えないなどの相談がほとんどという。思いのほか貧しい人が多く、それが悩みの種になっている。この病院では、貧しい人たちには、治療費を二〇パーセントカットして対応している。「病院にとってはとても大きな痛手になります。このことを職員全員に理解してもらった上で、そうしています」。彼女の質素な服装からも、うかがい知れる。それでも対応できるのはごくわずかで、心が痛むことばかり。

「でも、病院が救われることも時々あるのです」と彼女は続ける。

この周辺や山岳地方には、多くのキリスト教会がある。貧しい住民は、ほぼ教会に属している。それが理由で、教会を通して病院に運ばれてくる患者も多い。幸い、教会は海外からの基金で運営されている。患者の医療費も教会で賄われるケースがほとんどである。病院の院長はカソリック教に属している。それゆえ、互いに理解し合える信頼関係が築きやすいのだという。

ある患者のケースでは、教会に集まったお金が余って、その余った分をお金のない患者のために使うよう、結構多額のお金を教会から授かったりすることもある。まさに神様のお恵みである。山岳地方にはクリスチャンが多い。所によっては、住民の半分以上の人たちがキリスト教徒である。住民にとってアウトカーストの汚名から抜け出すだけでなく、いざという時の医療保険も組み込まれているようなもの。これは、貧しい人たちに伝道する宣教師たちの不可欠な慣例となった一つなのかもしれない。またキリスト教の宣教は、教育不毛となっていた山岳地方にとって、まさに希望の光であったに違いない。もちろん山岳地方にも、長い歴史が作り上げてきた彼らの文化が厳然とある。

ダージリン地方を例に上げれば、レプチャー族は独自のすぐれた文化を紡ぎ続けてきた。レプチャーは、ヒマラヤ山系の幾重にも重なる山襞《やまひだ》の奥深い四〇〇〇メートルの高山に現れた民族だと言われている。彼らは、独自の言語であるレプチャー語を話し、原始宗教と言えるレプチャー教を生活の規範としてレプチャー社会を築いてきた。純粋なレプチャーは、多いときで三〇万人以上はいたという。今日、深山を捨てダージリン全域に居住地を広げたため、純粋なレプチャー族は五万人前後と推測される。

レプチャー族が日本人のルーツだとする説をといた日本人学者もいた。残念ながら今日の科学でそれは覆されている。なぜかこの民族は、キリスト教との結びつきが大きい。少数民族が生き残っていく知恵だったのかもしれない。

地方の病院では、カーストのなごりが今日も残っている。ICUの患者は、トイレに一人で行くことはない。用足しが必要になると、看護師ではなくマーシーを呼ぶ。インドの地方病院では、「マーシー」というトイレ係のスタッフを置いている。不浄な仕事は、アウトカースト、即ち不可触賤民の役割と決まっている。このICUにいるマーシーは、黒く光った肌をしていて、小柄で細いが決してか弱くは見えない。過酷な環境で下僕の人生を歩いているだけに気丈夫である。

「マーシー、マーシーと私の名ばかり呼ぶんじゃないよ、忙しいんだから！」と一オクターブ高く響く声で言いながら、オカワをぶら下げてやって来る。トイレに行きたくなると、早目に呼ばないと間に合わなくなってしまう。このＩＣＵのマーシーは、他に無菌室の患者も受け持っている上に床の清掃も守備範囲なので、彼女の口癖どおり、こま鼠のように忙しく立ち回っている。夕方になると、「私は朝から晩まで働きずくめで、くたくたなのよ」と床の隅にぺたりと座り込んでこぼす。疲れていても相変わらずかん高い声を発しながら。

夕方七時はナースたちの勤務交代。夜勤の引き継ぎが簡潔にすまされる。同じくマーシーの交代時間でもある。やっと仕事から解放されたマーシーは、帰路を急ぎたいところ。だが昼勤のマーシーにはもう一つ仕事が残っている。夜勤のナースたちの夜食の調達にスーパーに走らなければならない。マーシーの口癖「マーシー、マーシーと気安く呼ばないでよ」の言葉には、「気安く使わないでくれ」の気持ちがたっぷり込められているはずだと思う。身分が低いというだけで、いとも便利に使われる。こんな不条理はない。

# 三、空路、転送

## *1*

朝から気温がどんどん上がって、外気温は四三度と出ている。いよいよ今日、デリーに隣接する大都市グルガオンのメダンタ病院に搬送される日だ。朝から落ち着かない気分。

迎えの飛行機は、午前一一時にバグドグラ空港に到着予定。午後一時離陸のアポイントが取れているという。「少し早目の一一時三〇分頃に病院を発ち、一二時に空港到着、チェックインに一時間みておく」と、手順の説明は、付き添ってくれているスタッフから聞いていた。救急車は、ドクター・チャン病院の奥さんが、前日手配してくれている。

飛行機は、予定どおり到着したとの連絡が入ると、いざ出発という気分になった。予定時間の一一時三〇分、二階のＩＣＵから車イスでゆっくりスロープを下りていくと、患者でひしめき合う一階のロビーを通り抜けなければならない。このスペースは、ドアを開けっぱなしでエアコンの効果はほとんどなく、サウナのような熱気で息苦しい。そこを突っ切って外へ出ると、四三度の太陽光線が痛い。すぐ待機していた救急車に運び込まれた。患者用ストレッチャーが床上二〇センチくらいにセットされている。地面からつき上がってくる炎熱で鉄板上に寝ている感じであった。

開いた救急車のドアの向こうに見送ってくれる見舞いと病院スタッフの人たち二〇人ばかり、神妙な面持ちで立ち並んでいる光景が、ちょうど葬送の列のように映った。不思議な気持ちになり、これは、私の生前葬？　と勘違いしてしまった。感謝の祈りを一人唱え、皆に手を振って別れた。救急車は、大型のボックス型、床の中央にストレッチャーが固定され、両脇にドクター、付き添いたちが座る座席があつらえてある。

ダージリンからカルカッタへ通じるハイウェイまでは、病院から僅か一〇〇メートルの距離にある。病院を出ると、救急サイレンを鳴らしながらバグドグラ空港へと走った。

混雑の国道……救急車ってすごい。ピーポーを鳴らすだけで、何の妨げもなく、一度たりともスピードを落とすこともない。ここは、間違いなくインドのはずだけど……。

道路いっぱいに広がって歩く人々、それをかき分けるように車が、トラックが、人力車と自転車が、おまけに山羊が、牛が、あらゆるものが、混然と路上を塞いでいるインドの地方道のはず。このように救急車をすんなり通してくれるなんて信じられなかった。

車の床に仰向けに固定されていては、外の景色は目に入らない。三〇分はかかるところを一五分と経たないうち、一気にバグドグラ空港に着いてしまった。

## 2

付き添ってきたスタッフが、パスポートを手にして、急いでチェックインに飛び出して行った。別の車で救急車を追っかけてきた友人のジーナが、救急車へ飛び移って来た。

「気分はどう？　車酔いしていない？」と尋ねながら、「あなたって、ラッキーな人だ……道路は、車一台、動物一匹通行は許されず、見事に広々した空間を、あなたの救急車と私たち後続車が突っ走って来た」と説明してくれた。

「どうしてそんなことに？」と問いかける前に、ジーナは続けた。「チーフミニスター・マムタが、ダージリン訪問からカルカッタへの帰途にあり、厳しい道路規制が敷かれ、全面通行止めになっていたところを、マムタが通る五分前に、あなたの救急車が通行を許されたってわけ」「それじゃー、チーフミニスターの先導車みたいね」と、内心どうして一度も速度を落とすことなく、バンバン走れるのか不思議であったその訳が、なーんだそんなことだったのと、一挙に解決した。

ジーナは、ドクター・チャン病院で手術するのを勧めた一人だった。彼女の自宅から病院まで五分とかからない。術後のケアは自分が適任と自負し、「メイドもいるから負担に感じることは何もない。あなたが来てくれれば、ゆっくり話ができるから、それが楽しみだ」と最後まで、ドクター・チャン病院で私が手術するのをあきらめなかった。ジーナも、ここ空港まで来てしまうと、あきらめがついたようだった。

私の転院先のメダンタ病院の近くに、彼女の息子夫婦が住んでいる。彼女は、彼らに連絡し、「あなたを訪ねるよう話してあるから、遠慮なく、何でも言いつけて！　嫁は、呼吸器科医として、結構キャリアがある人だから」と付け加えた。ジーナは、私がグルガオンに行ってしまうと思うと、淋しさと心配で落ち着かなくなってしまうと、私の手を握りしめながら涙ぐんだ。

スタッフ二人が飛び出して行ってから、三〇分は過ぎただろうか、ジーナとの会話が続くなか、インド人スタッフが、息を切らせて戻って来た。体中から汗がふき出して、滴り落ちている。それでも、汗で飽和状態のハンカチを手にして、顔にあてがっている。

「すごい暑さの中悪いわね」と声を発する前に、

「スギモトさん、ちょっと困りました。移送機の付添人は、普通の人ではダメです。『ニイザキはダメだ』と航空管理局が言っています」

「じゃー、どんな人だったらOKなの？」「メディカルドクターでないと許可が出ないと言っています」「じゃー、ドクター・ニイザキで申告してちょうだい」

プラビールは、「えっ！」と発し唖然とした表情になったが、「はい、スギモトさん。試してみます」と再び四三度の熱気の中へ飛び出して行った。一〇分もしないうちに、プラビールが戻って来て、「ドクター・ニイザキはOKでした」と苦笑しながら言った。次に、荷物のチェックが必要だから取りに来ましたと、日焼けしたニイザキも一緒に、トランクとリュックを担ぐと、慌ただしく出て行った。

持ち込み重量は最大五〇キロと前もって伝え聞いていた。救急車は、エンジンをかけたままで冷房になっているものの地上の熱気に負けて、下部から焼かれるように暑い。ジーナも私に退屈させないようにひっきりなしに、いろいろとトピックを変えて話しかけてくれるが、もういい加減頭はもうろうとして意識が遠のいている。限界にきていた。

全ての手続きが終わり、スタッフがバタバタと戻って来た。救急車のクルーが、ストレッチャーに乗った私を担ぎ上げた。これで救われたと思った。一般機駐機エリアの隅の方に駐機した小型機の方へと運ばれていった。救急車から三〇メートルくらいだろうか近く感じた。これでやっと機中の人になれる。ドクター小型機って、どんな設備を備えているんだろう？　前もって送られてきたパンフレットで、キャビンの内側などイメージはしていたが、実際経験できると思うとワクワクした。自分の病状を忘れて、好奇心が先んじるのは、まことに不謹慎だが。

まさに、機内に運び込もうとしたその矢先、患者を運び込んではダメと航空管理局から指示がきた。出発まで少々手続きが残っているから、患者を乗せるのも待てという。機中から患者を引き上げようと手を差しのべていたメダンタ病院のドクターたちもお手上げと、ドアを閉めざるを得なかった。

あっ、またか。インドらしい……と私は思った。そして、ここはインドだから……と再び考え直した。ストレッチャーを担いでいる救急車のスタッフもこの炎天下、耐え難いとみえ、「すみません。降ろさせてください」とアスファルトの地上に降ろされてしまった。外気温四三度、午後一時ごろの地上温は、果たして何度くらいになっているのだろう。

強気を自慢する私も観念するしかない。仰向けに寝たまま横向きになれるわけでもなく、太陽が、真上からじりじりと容赦なく照りつける。背中は鉄板の上で焼かれている感じ。考えてみると一時間半ほど前は、室温二五度に管理されたＩＣＵに寝かされていた患者である。ことあろうに、地上温六〇～七〇度（？）の炎天下に晒されている。再び気持ちを切りかえて「ここはインドなのだ、ここはインドなのだ」と呪文のように繰り返すと、久しぶりの日光浴だと腹はすわった。とは言え、薄い布一枚かけてくれれば、だいぶ楽になる気がした。と言って、白い布でもかけられては、死体のように見えてしまうだろう。ああ、それはまずい。まだ死んでいない、と考えただけで、布をかけてくれとは声をかけなかった。付き添いの人たちやスタッフは、小型機の陰に入って直射日光を避けている。これでは手術前に、人間の丸焼きになってしまうと、私は一人呟いた。

やっとストレッチャーを持ち上げられたのは、二〇分以上経ってからだった。四、五人がかりで、私を機上のスタッフに押し上げて手渡そうとするが、なかなか届かない。五五キロしかないのに、重すぎると皆口走っている。このまま地上に落とされては困る、とハラハラ両手の拳に力が入った。地上のオーブンと化した炎熱のなか、男どもとはいえ暑さに体力を奪われて、力が入らないのも当然だろう。申し訳ない。

やっとの思いで機中の定位置にセットされた時は、正直安堵した。ドクターに成りすましたニイザキも乗り込んできた。

機中のクルーとスタッフは、飛行を担うキャプテンとサブキャプテン、それにメダンタ病院の救急救命医と循環器の専門医、看護師（男性）が各一名、合計七名での飛行である。

## *3*

デリー空港までの所要時間は、およそ四時間。バグドグラ空港離陸許可は、午後一時、めずらしく予定どおりとなった。小型機は、滑走路へ誘導されるとエンジン音を上げて、ヒラヒラと飛び上がった。飛行機は、頼りなく左右にゆれながら、高度を上げていき、地上三〇〇〇メートルに達すると水平飛行に移った。水平飛行になると、機体はすこぶる安定し、空中にいることを忘れさせるほどであった。

私は仰向けのまま、胸元と太腿あたりをベルトで固定されている。楽しみにしていた医療用小型飛行機（メディカルウィング）の機内の様子を見渡すには椅子や器材が遮って、視界が極めて乏しい。ただ一つ私の目線の先に飛行機の窓が一つ、真っ青な空。

離陸して二〇分もすると機内の寒さで震え始めた。循環器のドクターは、安定飛行に入ると、私の体に心電図モニターを取り付け、血圧計を巻いた。ドクターは、ちょうど私の頭部の左側、話しやすい座席にパソコンを膝にのせて座った。彼は、モニターを見ながら血圧が上がりましたね、一八〇と一三〇です。すぐに看護師に注射を一本打つよう指示した。ドクターは、メダンタ病院へその報告を音声で伝えている。私はドクターの交信が終わった後、すかさず言った。「だって、地上温六〇度の外界から二〇度の機内に移され、急激な気温の変化に、血管は驚いてギュッと縮まっているに違いありませんよ」。ドクターは、「まったくそのとおりです」と耳元で同感した。

機内の温度は、二〇度くらいに設定されている。じっと寝ている身には、寒すぎた。そして、トイレに行きたくなった。我慢できそうもない。排尿器が用意されているんだろうか。私は、ドクターに「すみません。トイレに行きたいのですけど……」と訴えた。彼は、「大丈夫、オムツがあります」と私に見えるように親指を立ててOKサインの合図をした。すぐに看護師にオムツを用意するよう指示すると、前列席のニイザキに向かって「ミス、悪いけどあなたが、マムにオムツを当ててくれませんか?」と頼み込んでいる。ニイザキは、ためらいもなくハイハイと軽快にオムツを看護師から受け取ると、それを手際よく挿み込んでくれた。ドクターは、「安心して出してください」と、小声で言った。

ところが、不思議なことに出そうとしても出ない。膀胱は、満杯というのになぜ出てこないのだろう。出ろ、出ろと踏んばってみてもダメ。オムツに小便を出すという単純な生理作用がうまく運ばない。これが、大変だということをはじめて知った。最終的には、開き直りである。私は赤ん坊と、自分に暗示をかけ違和感を持たず自然体になる、そのイメージである。

やっと暖かい液体がお尻の周りを包みはじめた。何という安堵感。ドクターは、「よーし血圧も安定してきましたよ」と声をかけてきた。「ああよかった。でもドクター、ものすごく寒いんです。ブランケットありますか？」。ブランケットを積み込むのを忘れたのか、あいにくブランケットがないが、シーツではどうかと、早速看護師がパリパリに糊のきいたシーツを広げ、丁寧に全身を覆ってくれた。四時間も飛行するというのに、機内のことなど考えていなかった。軽率だった。せめて靴下とあったかいショールを手元に持つべきだったと悔やんだ。

ドクターは、私の状態が安定したのを見計らって、「さあー昼食にしましょう」と待ち兼ねたように声を発した。「いやー、待ってました。腹が空きましたねー」と、もう一人のドクターが催促するように言うと、待ってましたとばかりに看護師はすでに保冷ケースをカチャカチャと開けている。「ベジですか、ノンベジですか？」とドクターたちに尋ねる。「私はどっちでもＯＫよ。でもベジがいいかな」とニイザキ。「それじゃベジ三個、ノンベジ二個で頼むよ」「はい、ただ今」

と看護師は、手際よくランチボックスを渡しながら、「ジュースもいろいろあります。オレンジ。マンゴー。パイナップル」看護師は、ジュースの注文を受けている。ドクターが、「マムもランチ食べませんか？　ジュースもたくさんありますよ」と私の存在を思い出したように遅れて声をかけた。「どうもありがとう、私は遠慮しとく」と断り、「みなさん、ゆっくり昼食をお楽しみください」と食べ物を前にしたなごやかな雰囲気をシェアした。ドクターは看護師に、「君も好きなものを勝手に食ってくれ」と昼食を一緒にとることを勧めている。

ニイザキは、予想していなかった豪華なランチボックスに感動して「どこからこの弁当を調達してきたんですか？」と聞いている。「メダンタ病院の調理室が用意してくれるんだ」「わあー、すごい。ほんとうにすごい。乗り込む人全員の分を保冷ケースにつめ、準備してくれるなんて、連携がうまくできている」と感心しまくっている。「わあー野菜カレーだあー。チャナカレーもある。これ大好き！」とニイザキの弾んだ声が止まらない。インド料理の独特なスパイスの香りが機内を満たした。「君ってインド料理がほんとうに好きなんだね。喜んでくれてよかったよ。弁当まだ残っているだろう。二個も三個も食べていいよ」と食事は会話を弾ませている。皆がくつろいで食事をしているのがなんと快いことか。

ニイザキは、めったに乗る機会もないドクター小型機に関して、「一日何回くらい出動するんですか？　ドクターは、専属なんですか？」等々、矢継ぎ早に質問している。ドクターは面倒がる様子もなく、ユーモアを混じえて、むしろ質問を受けることを楽しんでいる。おおよそ、医療用小型飛行機で急患を搬送しているという張りつめた深刻な感じはない。心地よい雰囲気に満たされている。

ただ、寒さだけは改善していなかった。ドクターに「すみません。まだかなり寒いんですけど、シーツは、まだありますか？」と声をかけると、看護師は慌ててシーツ二枚を追加して私に掛けてくれた。しかし、シーツ三枚になっても一向にホッとする温かさは感じられない。シーツは保温性に乏しく、ほとんど役に立たないことを知った。

尿意が再び迫ってきた。我慢の限界と、ドクターに再び声をかけた。「オムツのスペアありますか？」

「また、尿出ますか？」

「ええ」と返答すると、看護師は、困った表情で頭を振り「NO」のサインを送った。ドクターは、ちょっと躊躇《ためら》った後、「このオムツの吸水量は大きいから、二回までは大丈夫ですよ」と私の耳元で小声で言った。「ほんとに？　本当に洪水にならないかしら？」

「大丈夫、だいじょうぶ」と言うので、信用して……というより、もう我慢ができなかった。

二回目は、容易にスムーズに出たのに驚いた。そして、洪水にもならず、オムツ内に収まったらしい。再び安堵した。医療用小型飛行機だからこそ、ブランケットとオムツ数枚は備えておくべきだと、窓に見える青一色の空を見つめながら思った。しかし、病人の遠慮でドクターにアドバイスはしなかった。どんなに最新式の設備を備えた医療用小型飛行機であっても、やはり完璧なケアを提供するには、人間の緻密な準備力にかかっていると思った。

## 4

ふと、友人のドクター・アシャはどうしているのだろうと、彼女のことが思い出されて気になった。心臓カテーテル検査の情報を受け取って、「やはりメダンタ病院にしなさい。私が迎えにいくから」と伝えてきたところまでは、連絡が取れていた。それが、プツンと連絡が途絶えている。彼女に何か異変が起きたに違いないと、アシャの身が案じられたが、メダンタ病院に着けば全てわかると気を取り直して、リラックスするよう努めた。

振り返れば、私が日本からデリー経由でカリンポンに移動する途中、デリーで二泊した。ドクター・アシャは、ホテルにやって来て、宮崎の私の主治医が書いた心臓血管説明図および病状を記録した資料を注意深く見てくれた。そして彼女は、「この説明を見る限り、何の問題もないよ。安心してカリンポンに行くといいわ」と太鼓判を押してくれた。デリー大学の名医と言われた彼女が保証するのだから、何の迷いもなくカリンポンに向かったのだが……。それが、思いもよらない展開になっている。

背中の不調でシリグリ市のドクター・チャン病院を訪れると、危険な状態と宣告された。私は周りにほとんど相談することもなく、急に手術の段取りを決めてしまった。

「このシリグリの街で心臓の手術ができることを、人々にアピールしてください。人々は、心臓外科医が一人もいない。心臓手術ができる病院がないと思い込んでいます。実際、あなたの手術は、一例も失敗していません。インターネットで調べた私の友人もそう言っていました。どんどん手術例を増やして、キャリアを積み、この地方の医療発展に貢献してください。私は、喜んであなたに手術をお任せします」とまで言ってしまった。

少なくともドクター・チャン病院で手術すると決めたあの時は、本気であった。それにしても、調子よくあんなことを言わなきゃよかったと後悔した。その後、デリーのメダンタ病院に勤務するドクター・アシャが、チャン病院の主治医のドクター・ラージニッシュに直接電話で相談していた。その後、ドクターは私のところへやって来て言った。

「あなたの私に対する信頼は十分理解しています。しかし、あなたの病気は、あなた一人の問題ではないのです。ということは、あなたの周りの人たちの納得も大切です。私やこの病院に遠慮は無用ですから、もう一度考え直してみてください」と穏やかに論じた。「もちろん、ここにいる間の責任は私が持ちます。転院することに罪悪感を覚える必要などありませんよ」とさわやかな表情で言葉を付け加えた。結局、メダンタ病院へ転院と決めたのだった。

キャビンのドクターや付添人たちの和やかな会話から一人遊離して、ドクター・チャン病院での一週間のさまざまな光景と会話を思い出しては、恥ずかしい思いに浸っていた。

思えば、ちょっと前の過去だって、恥ずかしいことばかり。いつも反省ばかりに悩まされる。過去を多く振り返るのは止めよう。不要な雑念から解放されようと、耳を機内の彼らに向けることにした。ニイザキが、得意気に彼女の仕事の説明をしている。ドクターたちにとって、なぜ日本人が辺ぴなカリンポンで暮らしているのかが不思議で、その質問に答えているようだ。

ドクターが、「外国人が住むのは、デリーかムンバイだろう。そうそう、バンガロールもある。とんでもなく辺ぴな所だから、マムのような病気の時困るんだよ」と言うのが彼らの論理のようだ。ニイザキは力を込めて反論している。「だって、私たち国際協力団体は、開発が進んでいない地方に需要があるんです。私のように農業技術を伝える者にとって、とてもやりがいのあるところなのよ」。ドクターたちは、一瞬姿勢を正すように、「それは、恐縮です。日本から、はるばる来て、インドの僻地の人々のために働いてくれるなんて、普通にできることじゃありません」と急に言葉も丁寧になった。もう一人のドクターが、「マムも働いていたんですか？」と追加質問した。「そう、私のボスなのよ。ボスだから、私がずっと付き添っているのよ」と少々誇らしげに答えている。

# 四、メダンタ病院

## *1*

飛行を始めてから、すでに三時間は過ぎたころだ。再び尿意をもよおしはじめた。今度こそ絶体絶命、オムツから漏れ出すだろう。病院に到着するまでは持ちこたえなければと覚悟した。事もあろうに、空の旅を楽しむどころか、終始オシッコに悩まされる旅になってしまった。

「あと二〇分でインディラガンジー空港に着陸します」とキャプテンからドクターに伝えられた。ドクターは、「マム、お待ちかね、もうすぐデリーですよ」と弾んだ声で報告してくれた。

「デリーまでやって来たのね、ドクター。飛行場からメダンタまで何分かかります？」と私は尋ねた。「一五分でしょう。メダンタ病院はもうすぐですよ」と私を元気づけるように言うと、ドクターは、病院との交信に忙しくなった。

私は、ドクターが病院との連絡業務を終えるのを待って、小さな声でドクターにささやいた。

「実は、三度目のオシッコを我慢しているんです。だって今度こそ洪水ですもの。だからお願い、メダンタ病院に運び込まれたら、一番にオシッコ取ってくれるようお願いして！　忘れてはダメですよ」

「えっ、三回目を我慢しているんですか？　了解、心配ご無用、一番にナースに頼みます」と彼は約束した。

外気温四六度、インディラガンジー空港の片隅に着陸した。そこには、メダンタ病院の救急車が待機していた。私は素早く機外に運び出された。クルーは慌てて降りてきた。キャプテンに「安全飛行、どうもありがとう」と手を差し伸べて握手して別れた。「手術は、大丈夫ですよ」とキャプテンとサブキャプテンもにこやかに見送ってくれた。

メダンタ病院の救急センター入口に救急車は停止した。慣れた手順で病院のストレッチャーに移され運ばれた。ＪＩＣＡの江嶋所長と次長の渡辺さんの顔が目に入り、あっ、この暑さのなか二人には申し訳ないと、心が痛んだ。運ばれるストレッチャーに親友のハルミートと彼女の息子のアマンが駆け寄って、「サクヨ、やっとここまでやって来たのね。私は、これで何もかも安心」と心底安堵感を滲ませて、私の手を握りしめた。

付き添ってくれた循環器のドクターは、「すべて順調に運びますよ。それでは、私どもは、ここで失礼します」と手を上げて立ち去ろうとするところに、ハルミートが、律儀に「私の友人を安全に運んで来てくれてありがとう」と合掌して深く頭を下げた。

ふと気が付けば、やはりアシャがいない。ハルミートの夫がいないのも気になった。

救急処置室に入ると、まずカーテンで囲んだベッドに移された。女性看護師は、ドクター小型機の医師からの申し送りを手際よく処置して終わらせた。

聞きしに勝るとはこのこと。救急センターは、一度に五〇人は受け入れられる規模。そのスケールにまず度肝を抜かれた。次いで、清潔感。衛生面も、神経質なほど行き届いている。

次々と急患が運び込まれる。ドクターたちによって、てきぱき処置されていく。救急センター内は、医療機器の作動音と、めまぐるしく立ち回るドクターたちの動きがリズミカルに絡み合い、生命力が甦るような異様な空気がみなぎっている。

消毒後、病院服に着替えると看護師は、「さあ、これで安心です。あなたは、メダンタ病院の患者さんです。これからICUの個室に入りますからね」とさわやかな笑顔を見せた。

「あなたは、南インドの方?」と聞くと「そう、ケララ出身です。よくわかりますね」と身の上調査のような会話を交わしながら、ICUに移動した。ICUは個室になっていた。ゆったりとした部屋に、日本の八畳間ほどのバスルームがついた二部屋からなっている。静かで、くつろげる空間だった。

ICUは面会が一人ずつ許されていた。JICAの所長が見舞ってくれた。こんな格好で本当に申し訳ないと、幾度も詫びたことしか覚えていない。幾人かめに、アマンが入って来た。アマンはハルミートの息子である。両親に似ず、長身でガッシリ型の頼もしい体格をしている。母親の独身時代からの親友の間柄、幼い頃からアンティ・サクヨと私のことを呼び、身内同然に育ってきた。「おばさん、僕すごーく心配したよ」とアマンが言いかけたのを遮って、「アマン、なんでＪＩＣＡに連絡したのよ。こっそり手術を受けるつもりだったのに……」と彼を責める言葉がほとばしり出てしまった。

アマンは、ご機嫌な表情を変えず、「おばさん、よく聞きなさい」といつもの仕草で人差し指を立て、「おばさんの命は危ない状況にあるんだよ。それでも事業委託主のＪＩＣＡに黙って内緒で済ませるわけにはいかないでしょ。僕の家族もアンティ・アシャも精いっぱい世話するけど、ＪＩＣＡだって、事情は知ってなきゃいけないんだ。僕がしたことは間違っていない」と自信ありげに言い切った。

「そのとおり。あなたに、感謝でいっぱいよ」と内心思いつつも、「アマン、あなたの理屈は正しい。ただおばさんは、この状態をオフィシャルな人たちに晒したくないって、変なプライドがあるわけよ」

「おばさん、変なプライドなんて捨てちゃいな」と、アマンは軽く笑い飛ばした。「今から手術担当医たちと母と僕とで話し合いを持つからおばさんは大船に乗っているんだ。リラックスしてなさい」と言い残すとＩＣＵを出て行った。

あんな弱虫の腰抜けで頼りなかった少年時代のアマンを思い出すと、なんと素晴らしく脱皮をしたもんだと誇らしく思った。

## 2

ＩＣＵに四人のドクターがいきなり現れた。ドクターたちの貫禄に、ちょっとたじろいで緊張した。

「気分はどうですか。シリグリからの飛行は快適でしたか？」と移送をねぎらう言葉から始まった。「私たちが、あなたの手術の担当医です」と、口早に四人の名前を紹介された。紹介は受けたものの、四人の名前と人物を同時に記憶するのは難しい。辛うじて覚えたのは、ドクター・カスリワル。久留米カスリのカスリと引っかけて覚えたので、簡単だった。どう見てもドクター・カスリワルは、その風格からこの手術のチームリーダーに見える。案の定、彼が軽やかな口調で手術の説明を始めた。シリグリのドクター・チャン病院から送られた画像で十分な診断ができていること、そのため、心臓カテーテル検査を再度行う必要がないこと、ただ手術前の検査がいくつかあるが、それは休み明けになること。それらの検査は、ほとんど苦痛を伴わないから、メダンタ病院での初めての日曜日を楽しんでほしいと、簡単に話を締めくくった。

次いで、心臓のドクターでそんなに肥っていて大丈夫なのと、さっきから気になっていた若いドクターが、「質問があったら、何でもお聞きください」と、私に喋る機会を与えてくれた。

「この病院には、何人くらい心臓外科医がいらっしゃいますか？」と、かなりピント外れな質問をしてしまった。「五〇人くらいですかね～」と、他の同僚を見やりながら確認するような口調で答えてくれた。

「えっ、そんなに大勢いらっしゃるんですか？」と驚きながらも、少しましな質問もしないと格好がつかないと思い、「ところで私の場合、地方の小さな病院で病巣が見つかり、こちらの病院と情報交換をさせてもらいました。その後、関係者のアドバイスでこのメダンタ病院に移って来たわけです。このような情報の交換は、病院間で日常的に行われるものですか。患者にとっては、とても有り難い連携だと思いますが……」

「そうです。私たちメダンタ病院の場合は、患者の同意があれば問題なく情報交換ができます。極々《ごくごく》当たり前ですよ」と強調した。「よくわかりました。ドクター・チャン病院のドクターが、実に自然に情報を送ることを快諾した訳もよく理解できますし、患者主体の医療という印象を深めました。もちろん、私は、何の不安もなく手術を待ってます」と申し添えた。再び若くて肥ったドクターが「簡単な手術です。何の心配もいりません」と呟くように言った。簡単な手術という言葉は、今までの全ての不安を取り去った。

インドの医療についてしばし考えていた。巷《ちまた》の評価によれば、レベルは低い、いい加減な治療、金儲け主義など、ネガティブな情報を多く耳にしてきた。しかし、今、自分の手術を通して、自らインドの医療を体験しようとしている。まずは、病院間の情報交換が患者の要請により、容易に行われていることを知らされた。情報の交換により医師の診断は、より慎重になるだろうし、医師の技量もさらされることになる。ということは、医師の責任が果たされることにもつながると思われる。果たして、日本でもこうした病院間の情報交換が日常的に、たやすく行われているのだろうかと聞いてみたくなった。

私の執刀医は、ドクター・トレハン。まだ、この病院に来てから一度も会っていない。この病院の創設者であり、心臓外科医として、最も評判の高い医師である。その信頼性は、インド政府を動かし、グルガオンに広大な政府の土地の提供を受けたことからも理解できる。彼は、超多忙な医師でもある。

ドクター・トレハンから診察室に呼ばれたのは、いくつかの予備検査を終え、必要な検査はすべて終わったと説明を受け、ホッと一息入れた時だった。アシストに車イスを押してもらい、ハルミートと院長室へ移動した。院長室に続く控室には、患者三人がそれぞれの家族に伴われて、神妙な面持ちで座っていた。インド人が三人集まれば、おしゃべりで騒がしくなるものだが、みんなの表情は硬く無口である。

入室がなかなか許されず退屈していると、診察室のスタッフが現れて、「先生の手術が予定より長引いています。そのままお待ちください」と伝えてきた。小一時間ほど待たされただろうかと思ったとき、院長室に導かれた。シンプルで広い部屋である。壁に沿って大きな三日月型の机が部屋の幅に合わせて設置され、両サイドにはＩＴ機器が所狭しと並んでいる。私は一番右側に座るよう指示された。この順番だと、私は最初にドクターと話ができると理解して、ハルミートと並んで座った。

ドクター・トレハンは、まだ入ってこない。部屋をぐるりと見回す時間は十分ある。時として、他人の部屋の観察には興味がそそられる。部屋のあつらえは、その人の好みや人物までも見えてくることがあるからだ。

私は、思わず「すごい！」と声を発してしまった。私がずっと逢いたいと思い描いていた仏像たちが、そこに座している。穏やかな一抹の憂いを漂わせた仏像が四体も！　ドクターの後ろに二体、ドクターの席から見て斜め前のサイドボードに二体。何という出会いなのだろう。私は半眠の慈悲に満ちた顔にくぎ付けになり、我を忘れて陶酔した。何という安らぎだろう。ひょっとしてドクターも手術からこの部屋に戻って来ては、こころの平衡を保つのに、この仏像たちに帰依しているのかもしれないなどと思いを巡らせた。ここに仏像が御座す意味は、究極のところ、医師と患者を結ぶ波動の媒体なのではないかと勝手に思うことで、自分を落ち着かせた。

ドクター・トレハンが、診察室に入ってきた。この人が、インド医療界で神様のように敬われ信頼されている医師だ。どっしりとした厳しい表情からいきなり「こんにちは！」と日本語が、飛び出してきた。オットットウ！　と拍子が抜ける感じで緊張が緩んだ。たった一言の日本語で！　彼は、「新幹線から見える富士山は、すてきなんでしょう？」と続けた後で「ところで、昨日のストレステストは、どうでしたか？」と本題へと入って来た。

「いやー、かなりしんどかったですね」と私は答えた。

「そのようでしたね」と、すべての検査の結果とアンジオグラフィーの画像を丁寧に見た後、「ところで、これからの治療に関して、あなたの方から注文とか希望とかありますか？」と聞かれた。「私としては、ドクターの判断にすべて委ねるつもりでいます。ドクターが、病状を一番おわかりですから」「わかりました」と手術が必要なことを告げられた。

手術日と、おおよその手術に要する時間が決まった。手術は、五月二二日午後二時。

実のところ、ドクターと少し雑談がしてみたかった。仏像の話を。どこで、こんな完璧な表情の仏像に出会ったのか、なぜ執務室に座らせているのか等々。しかし、後に控える深刻な面持ちの患者と家族たちの視線を、気にしないわけにはいかない。

# 五、手術

## *1*

手術準備室に移動したのは、午後二時頃だった。その一時間ほど前、娘が休暇を取り、日本から急遽駆けつけた。彼女に同伴して病室に入って来たのは、ハルミートと友人のドクター・アシャだった。アシャは、不甲斐ない友達で申し訳ないというふうに、「サクヨ、ごめんなさい。やっとあなたの手術前に間に合って良かったわ。手術は何の心配もないからね」と、両手を握って挨拶を交わした。

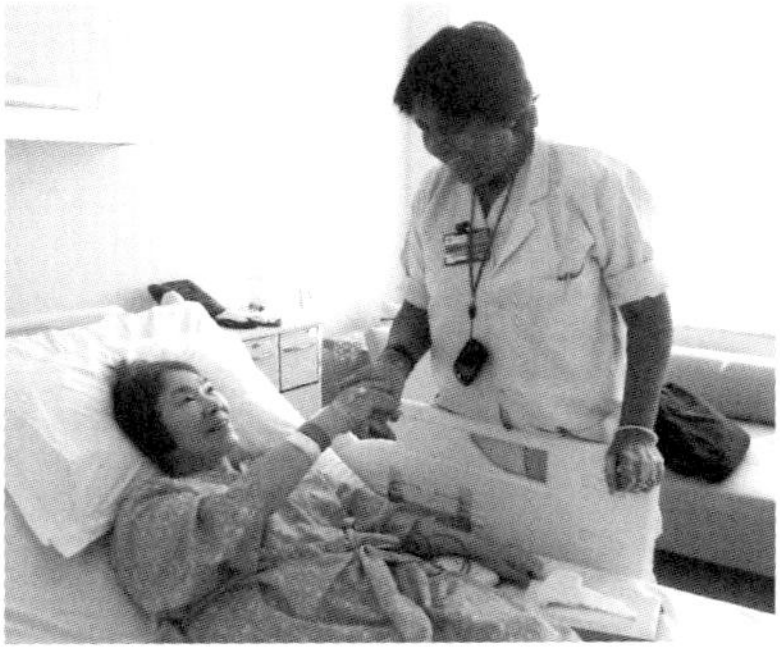

仕事の合間に病室を訪ねてくれるDr.アシャ

ドクター・アシャは、シリグリの病院と情報交換の後、倒れて入院していた。彼女も七十歳。医者といえど、生身の人間だから病気にもなる。彼女が倒れたことは、メダンタ病院に到着してすぐにハルミートから聞いていた。頼りにしているアシャが、手術前に元気になって戻ってきたのが何より嬉しかった。手術に向かう私を、心配無用と送り出してくれたのは、頼りになるこの三人だった。

手術準備室には、先客二人が手術を待っていた。クーラーがよく効いて、一枚きりの病院衣ではとても寒い。ストレッチャーが固定されるや、温厚そうな見覚えのあるドクターがそばに来て「手術は緊張しますか?」とやわらかな口調で私に話しかけた。

「そうですね。緊張しないと言えば、嘘になります。でも、ここに至ればまな板の鯉だと覚悟しています」と心境を伝えると、「そうですか、日本ではまな板の鯉と言うんですね。インドでは、まな板のチキンと言うんですよ」と彼は教えてくれた。

そうか、同じような言葉があるんだと思わず笑ってしまった。気取らない会話・雑談が、緊張をやわらげるのに効果的だ。

ドクターは改めて、「あなたの麻酔を担当する者です。あなたが入る手術室は、さっき前の患者の手術が終わって急いで準備しているところです。一五~二〇分、ここでお待ちいただきます」と断りを言った。この寒い部屋で二〇分も待つのかと思うと、ふと医療小型機のキャビンの寒さを思い出した。

麻酔医は、私のそばを離れることなく、絶え間なく雑談をしてくれた。「私は日本に行ったことがないんですよ。でも、美しい国だと聞いています。日本についての知識もほとんどありませんが」と前置きして、歴史の本で読んだ覚えのある個所を話しはじめた。

ペリー来航（一八五三年）、不平等条約で有名な日米和親条約の話であった。東京（江戸）から近い港にアメリカのペリーが入港し、無理やり条約を結ばせて日本に開港を迫った。アメリカは、昔から彼らの都合で相手国を従わせようとする。「日本は、不平等条約を無理やり飲まされたんですね」と、まあ手術と全く関係ない歴史談議で緊張と退屈をまぎらす心遣いに感じ入った。

私は、インドの多くの人々が、アメリカに抱く感情を日頃からよく聞かされている。

「インドもインディカ米のパテントをアメリカに攫《さら》われています」。インディカはインドのオリジナル米なのに、なぜかトンビに油揚げの如く、パテントをアメリカに攫われてしまった。「アメリカは、卑怯なやり方しますね」と、近年発生したパテントトラブルに話を転じ、ドクターの意図する口調に同調した。彼は、結構面白そうに話を続け、ご機嫌だった。

手術室からまだ入室の許可が来ない。ドクターは、また彼の記憶を手繰り寄せるように、ジンギスカーンの福岡襲来の話に移った。「日本は二度も攻められて、二度とも撃退したんですね。昔から、日本はすごい国だったんですね」

「いえいえ、あれは日本の侍が撃退したのではないんです。二度とも嵐になって、船が難破し、モーコ軍はホーホーの呈で逃げ帰っただけなんです。それがあまりにも奇跡的だったので、日本では神風と呼んでいたんですよ」

いい気持ちになって、先生気取りでおしゃべりに興じていると、突然声がかかった。そうだったと気が付いた時には、手術室へと運ばれて行った。ドクターは、麻酔をかける順序を丁寧に説明してくれた。

## 2

闇の中で、声がした。

「あなたの手術は、大成功のうちに終わりましたよ。これで何の心配もありません。安心してください」

朦朧《もうろう》とした意識の中で、不思議な感覚でその声を聞いた。少しずつだが、霧が晴れるように意識が戻りはじめた。そうだ、私は昨日、手術室に運ばれたのだ。

頭の中で少しずつ整理が始まった。ひんやりとして消毒の臭いに満ちた手術室に、麻酔医に伴われて入って行った光景が断片的に思い出された。次なる言葉が聞こえてきた。

「これからは、あなたの協力が必要なんです。よろしいですか？」と諭すような口調である。

私は、訳がわからないまま、それでも、「わかりました」と答えた。

「呼吸が、自力でできるようにならないと、回復できませんよ」

「これから、呼吸の練習です。それでは、私が言うとおりにやってください。いいですか？　はい、息を思いっきり吸って！　もっと、もっと、もっーと。いいですね。はい、それを吐き出します。いいですよ。はい、また息を吸いましょう。吸って、吸ってー」

普段は、何の意識もしないで呼吸をしているというのに、息をするということがこんなにもしんどいとは！　全力を振り絞っても、思うように息が吸えない。看護師の音頭に合わせ、体をよじりながら、わずかな空気を取り込む作業は、ただひたすら生への執着に導かれているような気がした。

私のずっと向こうの壁に、時計が見えた。確かに七時を示していた時からだから、すでに一時間ばかりは経過しただろうか。看護師の掛け声が変わった。別の言葉が発せられた。

「よく頑張りました。よく協力してくれました。さー、これであなたは、自力で自然に呼吸ができます。私も安心です。本当にありがとう。大事な峠をあなたと共に超えたのですから」

「ありがとう。これはあなたのお陰よ」ともつれる弱々しい声を絞るように、看護師に礼を言った。安堵感に包まれながら思った。呼吸訓練は、看護師との共同作業だった。ちょうど、二つの機械が連動して動いているような一体感があった。もうダメだと弱気になると、間髪を入れず「あきらめちゃダメよ」と厳しい励ましの声が飛んでくる。

難関をクリアすると、次の集中治療室へと移動していく。その度に体内に挿入されたたくさんの管を抜き取られていく。時には、苦痛を伴う抜管もある。どの部屋だったろうか、私より一〇歳ばかり若い女性で、先に入室していた患者が抜管の際にあまりにも大きな悲鳴を上げのたうつので、次の順番を待つ私は、緊張と恐怖で自分の抜管の前に疲れ果てた。その時の抜管は、一瞬歯を食いしばると終わってしまい、呼吸訓練の苦しさとは比較にならないと思った。

午後、ハルミートの息子、アマンが集中治療室に現れた。病院お仕着せの無菌服、無菌靴カバーと全身を大げさに覆っているので、一瞬誰かわからなかった。

「おばさん、ごきげんよさそうだね」「あなたたちのお陰よ」と感情を抑えて短く答えた。

「おばさんの手術は、完璧に終わったと昨晩ドクターから説明を受けたんだ。おばさん、おめでとう。安心しな」

彼と彼の両親、ドクター・アシャ、私の娘が控室で手術が終わるのを待ったという。手術は三時間四五分、とても順調な手術であった、とドクターが付け加えたこともアマンは言うのを忘れなかった。

「そう、きのうは皆いてくれたのね。ありがたいわ。今、すべて順調よ。ほんとうにありがとう」

アマンは、許された短い面会をすませると、安堵した表情で「僕と交代してお母さんとヨウコが顔を見に来るからね」と言い残してＩＣＵを出て行った。

## *3*

術後のＩＣＵでの観察は、さまざまな医師が適当な時間に回診に来る。循環器の医師はもちろん、総合診療医など二人の医師が一緒に来ることもあれば、一人で来る医師もいる。患者からみれば、好き勝手な時間と思えるが、ドクターサイドでは、一定のスケジュールに沿って動いているのであろう。各専門医が入れ替わり立ち替わり来て、カルテ台に乗せられた患者の経過記録を意外と真剣に見入っている。時には、唐突に「そうか、英語を話す日本人……ですか？」と話しかける。

日本人の名誉のため「今時の日本人は、たいてい英語は話しますよ」と反論する。

「そうかなー、僕は、そうは思いませんけど」と同意しない。「ところで、食事があまり取れていませんね。食欲がないですか？　食べて体力をつけないといけませんね」

「まだ、食べる気が湧かないんです」「じゃー、今何が食べられそうですか？」「アイスクリームだったら食べられそうです」「ああ、それはいい。それじゃ、チョコレートアイスクリームにしてみますか」「おいしそうですね。お願いします」

しばらくすると、配膳係が紙製の容器に入ったアイスクリームを運んできた。何という早さだ。アイスクリームは、思ったとおりスルスルと喉を通っていく。ああ、生き返ったみたいと思いながら、一気に平らげた。この調子だと何でも食べられそうと食欲が増した感じにさえなった。医師と食事に関して話し合っても、それが実現するには時間を取ることが多い。しかし、ここの医師と栄養管理士との連携と対処のスピードに、感心してしまった。

三日目の午前、ＩＣＵを出て、八階の術後患者を収容する一般病棟へ移された。病室では、打ち合わせどおり、ハルミートと娘がすでに待っていた。

一般病棟の個室（この病院は個室、二人室もある）に入って、一時間経っただろうか。元気のいい白衣姿の中年女性が勢いよく入って来た。「とても元気そうですね。呼吸も問題ない。レスピロメターの訓練は、真面目にやっていますか？」

たたみ込むように質問すると、「さて、私の自己紹介から始めましょう」と、病院のメディカルアドバイザーで、術後の生活指導担当者であると説明してくれた。「アテンダントの方も一緒に聞いてください」と、まず、術後三カ月間の療養生活の注意事項が書かれたパンフレットを渡してくれた。それを見ながら講義が始まった。食生活の指導、毎日の運動方法などである。不明な点についての質問には、とことん答えてくれる。納得するまで根気強く、付き合ってくれる。これで向こう三カ月を乗り切るのに、何の不安も残らなかった。改めてメディカルアドバイザーは、やってはダメの項目を、私に復唱させた。

「よく、理解できています。それで、あなたの回復は、私が保証します」と元気がいい。「さて、最後にあなたに一番大事なお願いがあります。よく聞いてください。これから、あなたの生き方について、アドバイスがあります。第一に、ポジティブに生活すること。第二に、アクティブに暮らすこと。この二つは、最も大切なことです」

私は、メディカルアドバイザーに聞き返した。「アクティブに暮らすようにという言葉は、とてもポジティブで励みにはなります。およそ三カ月の静養を過ぎれば、ほぼ今までの日常の動きに戻っていいということですね？」

「そうです。過激な運動や南極・北極の旅行は止めましょうね」。快活に返答してくれた。

そしてさらに「体力に合った運動は必ずやりましょう。院内のウォーキングならすぐ始められますよ」と日常的で簡単に継続的に実行できる方法を教えてくれた。

善は急げ、翌日の術後四日目、私はエクササイズを開始した。メディカルアドバイザーの言葉の余韻が冷めないうちに。実は、まだ自力でベッドから降りるのも難しい。ほとんどの動作をアテンダントのハルミートと私の娘の手助けに頼っている。八階病棟の廊下およそ一五〇メートルがエクササイズの場。三往復、一日三回ラウンドのウォーキングである。アテンダントの腕を借り、少しでも快活に歩こうと気張って歩く。時々廊下を行き交うナースやドクターが親指を立て「good」のサインを送ってくれる。「頑張ってるでしょ」とばかり得意気に笑顔で答える。棟の両サイドが大きな一枚窓になっている。そこで一休み。窓の向こうには街並みが夏の灼熱のせいか陽炎のように揺れている。

この病院は、術後一週間で退院となる。私の場合は、二日間延長してもらったが。患者にすれば「一週間で自宅に帰るの？」と思うだけで不安でいっぱいになる。その不安を取り除くための、メディカルアドバイザーによる指導が丁寧に行われるのだ。確かに指導のあとは、退院にほとんど不安は残らなかった。

## 4

術後の養生について指導を受け終わると心身共に軽くなった。早速、アテンダントの娘とハルミートが一気にしゃべりだした。今朝、病棟に入ってくるのがどんなに難儀であったかについて。それというのも、昨日ヒマッチャルプラデッシュ州で地方・国会議員の集団一行が、車に分乗して集会に移動中、霧の山道でテロ集団の待ち伏せに遭い襲われた。ニュースは、繰り返しそのことばかりを流していた。警護のSPも含めて一八人が道路上に仰向けに寝かされ、テロリストたちは、彼らを真上から撃ち殺したという。その内の一人が重傷で助かり、このメダンタへ空輸されてきた。どうも病院の周りが騒々しく、警察官がうごめいていると思って見ていた。報道関係の車、警護車で物々しい外観は、八階の病室からも見て取れた。病院に入る玄関も警察官で固められ、出入りする患者や付き添いの人々は幾重にもチェックされる物々しい警戒ぶり。

入院患者のアテンダントは一人のみと病院の規則に決められている。娘は、患者の娘でOKになったが、ハルミートは止められ、許可されなかった。それでも、「彼女は日本人で英語がしゃべれないから通訳の私が必要なんだ」と負けじといい、通り抜けた。

瀕死の傷を負いながらもメダンタに運びこまれたのは、よく知られた議会指導者であった。インド首相、マン・モハン・シンと国民会議派のボスであるソニア・ガンディーの二人が、彼を見舞って今病院を訪れているという。護衛が一段と厳しいのは、そのせいだと病院の職員が情報をくれた。そういえば、この病室がある八階の眼下に広がる駐車場は、警察と報道関係者の車で埋まっている。

そうか、またナクサルにやられたのか、とそれほど驚きもしなかった。それというのも、これまで、私どもも事業を進めてきた過程で、このテロ集団と無縁ではなかった。活動地でさまざまな不都合と恐怖を味わわされていたのである。

おやつが運ばれる頃には、管理栄養士が食事のモニタリングのため病室を訪れる。食事はインド、中華、洋食の三種から選べる。変更するときは、前日配膳係か栄養士に伝えればいい。私は、どれも食べてみたいと、日替わりで注文した。中華も洋食も思ったよりおいしい。塩分は控えめながらおいしい味付けになっていた。ところが、結果は中華と洋食は、それぞれ一日でやめてしまった。なぜかインド食がおいしく食べられたのである。特別、インド食が好きなわけでもないが、スパイスの心地よい香りに食欲をそそられた気がする。

四角い枠の食器におよそ一〇品が小皿に盛られている。かなりの量である。半分も食べればお腹は十分。私が残すおよそ半分は、アテンダントの二人がペロリと平らげる。だから栄養士への

病院の昼食

報告はいつも完食。アテンダントも時が来れば腹は減るというもの。ところが、アテンダントの食事は、患者の食事から一時間は待たされる。この病院では、衛生上の観点から食べ物の持ち込みを厳しく禁じている。それゆえ、アテンダントの食事も病院で用意してくれる。

　また、部屋には果物のバスケットが運ばれている。この夏の季節は、マンゴー、バナナなど、それに輸入物のキーウィが一個だけ添えてある。キーウィが、インドに輸入されるようになったのは近年のこと。ハルミートは、甘酸っぱいキーウィがお気に入り。「キーウィは私のものよ」と先に予約する。娘は、「マンゴーは私の果物」とかち合うことなく二人の食欲を満たしてくれる。それにしてもアテンダントの食事はなかなか来ない。まだかまだかと、ドアの開閉を二人は繰り返している。

　私の食欲も序々に増してきた。あとは退院に向け、必要な検査をクリアすること。結構忙しい。朝食前には血液を採取した。食後は看護助手が車イスとともに病室へ迎えに来る。胸部レントゲン室の前は、車イスが一〇台近くも並んでいて、結構待たされた。午後は内科、呼吸器科などドクターが廻診してきてカルテに見入っている。内科医が「問題は貧血だけですね」と説明し、薬を処方するという。「数値が一〇以下では、やっぱり足りませんね」と顔を見合わせて納得する。呼吸器科のドクターは、部屋に入ってくるなり「エクササイズは忘れずやっていますか？」と肺機能回復の訓練について尋ねる。「レスピロメターを吹いてみせてくれませんか？」と自ら確認したいようだ。ドクターの目の前でレスピロメターの三個の玉を吹き上げて見せると、「まったく大丈夫」と安堵して退室した。

しばらくすると管理栄養士が来て「貧血改善ですね。食事はお任せください」と急ぎ足で帰ろうとする。栄養士はアテンダントのハルミートに捕まりたくないようだ。ハルミートは、大学で栄養学を教えていたころが思い出されるのか、「あなたどこの大学卒？　誰先生に習ったの？」と尋問する。さりげなく先生風を吹かしてアドバイスを付け加える。若い栄養士には、きっと、うっとうしいに違いない。そんなわけで要件を済ませると、さっさと退散したいところだろう。普段私には見せないハルミートの一面を見て苦笑した。

さて、貧血を除けば食欲も体調も順調に回復している。ことに食欲が増していくことほど病人にとって嬉しいことはない。つくづくそう思う。まさに「インド食にありがとう」である。

記憶は定かではないが、若いころインドで聞いた話を思い出した。インドのスパイスとお釈迦さまの話である。お釈迦さまの弟子たちの願いは、お釈迦さまに永遠に生きてほしい。いつまでも、教えを受けたい。その強い想いは、あらゆる努力をおしまなかったという。日々の食べ物、ことに体にいいと思われ、薬効のあるスパイスを集め、お釈迦さまに供したのである。その効あってに違いない。お釈迦さまが閉眠されたのは八〇歳。二千年以上昔のこと、何と長生きされたことか。そのスパイスが今日までつながっているのだという。うなずける、感慨深い話だと思う。

今の時代、科学的にスパイスの一つ一つの薬効が証明されているから、その有効性を説明するまでもないが……、コリアンダーは、食欲増進作用や浄化など、クミンは消化促進や解毒作用があり、さらに下痢や腹痛、そして肝機能を高める効能、フェンネルは健胃剤として、また循環促進などの薬効あり、クローブは抗酸化作用と老化防止、カルダモンは防腐作用、強壮効果、アジュワインは殺菌及び健胃効果、ナツメグは食欲改善、不眠症、シナモンは発汗、解熱、鎮痛、抗菌、ターメリックは、よく知られているとおり肝機能強化、解熱、殺菌作用あり等々。ざっと七、八種のスパイスを挙げただけでも薬効の大きさに、改めて驚く。ガラムマサラのように幾種類ものスパイスを配合したものは、鬼に金棒とでもいおうか。病気の体も生き返るのでは、と思ってしまう。

大抵《おおかた》カレー（カリー）といえば、カレーライスを連想するが、カリーは、日本語のおかずに当たることばであって、おかずはさまざま、カリーも、さまざまである。インドの病院食も、スパイスをさまざま配合した十種類ばかりのカリーが用意されるのである。術後の弱った私の体が、インド食を受け入れたのはごく自然だった、と後になって「お釈迦さまと弟子たちのはなし」を思い出して合点がいった。

## 5

さて、ここでメダンタ病院について少しばかりコメントしておきたい。

インドでは、裕福な人々は良質の病院を選べる一方で、一般人はそこから締め出されている。メダンタ病院は、世界の先端を目指す環境の中で、最先端技術を誇るコスト効率を追求した治療を提供しているユニークな病院といえる。二〇一〇年に開業して、まだ日は浅い。この施設は、五〇エーカー（六万一二〇〇坪）の敷地内にリサーチセンター、医学部、看護部など六つの卓越した研究拠点を擁している。病床が一二五〇（うち三五〇ほどは重症患者用）、二〇以上の専門分野に対応した四五の手術室がある。首都デリーに隣接する巨大都市グルガオンにこの大規模な保健医療施設がある。

メダンタのユニークな要素の一つは、インド国内の最も優秀な医師のチームにより、管理運営されていることであろう。それは治療のみならず、患者にやさしい環境つくりにも高い基準を設定している。例えば、病院の五階にあるアーユルベディック・ガーデンもその一つ。患者が病棟で穏やかな静寂を楽しめ、癒される環境を提供している。もちろん病室は広々としてゆったりしている。清潔でゆとりあるバス・トイレ、患者のベッドの他に、アテンダントのソファー兼ベッドが備えられている。不衛生にこの上なく寛大なインドで、ここまで神経質な管理をしているのに驚く。白い壁に掛けられた風景画も、部屋の雰囲気を和らげている。

興味深く思うのは、これだけの設備と医療チームを備えていながら、低コストの治療を提供することを可能にしていることだ。米国の有名なメイヨークリニックのように、一つ屋根の下にあらゆる医療体制を一体化させ、すべての現代医療と研究を併合した治療。そこにコスト効率に連がる理由があるのだろうか。治療費はインドの、どの病院と比べても二〇パーセントは安く見積もられていると思う。低所得者に対する無料診療の制度も設けられている。

またメディカルアドバイザーの説明によれば、さらにこの病院の医師らが運営する奉仕プログラム・ヘルスキャンプ（移動診療）も行われているという。そしてこの構想を基にしたパイロット、遠い所の患者を診る遠隔治療も運営している。そこで行われる村の人々の治療費は無料である。治療と並行して僻地での病気の苦しみを減らすため、安全な飲料水、衛生管理、蚊の駆除、ごみ処理、教育など五つの予防対策にも力を入れているのは、この病院の特異性を物語ってはいないか。詳しく説明を聞けば、その都度感嘆してしまう。

国内どこでも、誰でも、質の良いヘルスケアを受けられるように。これは創設者、ドクター・トレハンの基本理念だという。こうと確信を持って理想を追い求める姿勢に感銘する。インド医療のモデルとなるだろう。いや、なるはず。この病院に入院して、手術を受け順調に回復している。医療にほとんど素人の自分に病院を評価することはできない。しかし、何より「患者として大事に扱われ、何の不安もなく快適な病院生活を送れる病院が他にもあるのだろうか？」と、この病院でつくづく考えた。

# 六、インドでの静養・故郷での回復

## *1*

「サクヨ、ほらごらん、ここだったら思う存分歩けるよ」

ハルミートは、彼女のセカンドハウス（シニア・タウン）へ移って、ベランダの前に広がる公園を見やってそう言った。

術後ちょうど一カ月が経過している。感染症に見舞われることもなく、無事のりきった。退院二週間後の検診では「順調な回復です。すぐに日本へ帰っても、まったく問題ありません」とドクターは、私と私の付添に告げた。「とんでもない。まだまだ返せませんよ、マンゴーがおいしくなるのは、これからですからね」と付き添っていたミスター・ラトラはためらいなく返答した。「そうですか、マンゴー好きでよかったですね、ミセス・スギモト」とご機嫌なドクター。笑い声を立てながら、何の不安も残さず無事検診を終えたのだった。

問題なく順調に回復できているのは、ハルミートと彼女の家族のおかげ、この一語に尽きる。思えばこの一カ月、見舞いに行きたいと伝えてくる友人たちを、ハルミートは頑なに断り続けた。

もちろん彼女の孫たちも例外ではなく、私の部屋への入室を許さなかった。免疫力が落ちている私の体を、何としても感染症から守らねばと細心の注意を払ったのだ。

ハルミートのセカンドハウスは、およそ六五〇世帯の高齢者住宅タウンの中にある。グルガオンの自宅からゆっくり車で二時間、ジャイプール・ハイウェイの途中にある。十数棟のビルがおよそ五〇〇〇坪の楕円形に作られた公園を囲んでいる。公園には青い芝生が敷き詰められ、あちこちの植え込みと大木が心地よい木陰をつくっている。四〇度を超える真夏のインドとは思えない清涼な空間に包まれている。

私は、朝六時、モーニングティーとビスケットを二、三枚食べると、公園へと飛び出していく。公園を一周する歩道は、すでに三〇人ばかりの人たちがそれぞれの速度で歩いていく。杖をつき、不自由な足を引きずりながらも、ゆっくり歩を進める人もいる。リハビリであろう。芝生の片隅では二〇人ばかりの人々が等身大のシートを広げて、その上でヨーガの形を整えながらゆっくり体を動かしている。

私も彼らを見やりながら、自分のリズムで歩き始める。公園を途中で横切るルートに決める。目見当で三〇〇メートルくらいだろうか。まずは、五周から始めた。二〜三日過ぎると、軽々一〇周を超えるようになった。朝から太陽光は強く、メガネはすぐに真っ黒のサングラスに変色する。汗が背中を勢いよく流れている。それでも緑に包まれた解放感がたまらない。退院以来、時計の針を見つめながら、家の中をぐるぐる歩き回っていたグルガオンのハルミートの自宅での療養を思い出せば、屋外のウォーキングは素直に爽快。

一日ごとに食欲と体力が増し、自信が湧いてきた。後を追っかけるように、この高齢者タウンにやって来たドクター・アシャも私と一緒に歩くつもりで公園へ降りてくる。格好いいウォーキングウェアを着て私と対照的だ。ところが、アシャは一周歩き終えると、息が上がり、ベンチに座り込むと二度と立ち上がれない。座ったまま、私にアドバイスの声をかける。「一周ごとにスピードを上げ下げしてごらん」。一周を全力で歩いてみる。次の一周はスピードを落としてゆっくり歩く。この繰り返しをしてみる。アシャに「いい感じよ。あなたも試してみない？　実は、この歩行法、日本で聞いたことあるわよ」とテレビで見たことのある三分速歩を思い出しながらアシャを誘ってみたが、「サクヨはもう誰よりも元気になった」というだけで動かなかった。私が一〇周する間に、彼女は近所の知り合いとベンチで談笑に忙しかった。

高齢者タウンに来て、私の回復ぶりを見たアシャは「まったく大丈夫よ、サクヨ。通常の生活に戻って問題なし。私の保証付きよ。今日はレストランでお祝いの食事にしましょうよ」と喜びと安堵の笑みを浮かべ、私に向かって言った。

「みんな、本当にありがとう。私が、こうやって元気になれたのは、あなた方のおかげよ。でもさ、私ちょっと疑い深くなっているのかな。本当に大丈夫かな？　と思ってしまうの」と恩知らずの言葉を返してしまった。

というのも、二カ月少し前、インドに到着してカリンポンに向かう際、日本の医師が渡してくれた診断書を見て、アシャは「まったく大丈夫。安心してカリンポンへ行くといいわ」と言って私の健康状態を保証してくれたのだった。

感無量とばかりうなずいて聞いていたハルミートが、急に興奮気味になり、「サクヨ、そのことだけど、私、肝心なことを言いそびれていたわ。今から説明するから、しっかり聞いて」とデリーからカリンポンに発った後の経緯を振り返るように話してくれた。カリンポンに発つ前、日本から持ってきた診断書をアシャが見て、その内容については、何一つ問題点はなかったという。しかし、私がカリンポンに発った朝、アシャからハルミートに電話があり、サクヨについてどうしても不安が残る。だから、毎日二回はサクヨに電話を入れて、体調確認をしてくれないか、と時間に余裕のあるハルミートに頼んだ。少しでも具合が悪い気配があれば、自分が連れ戻しに行くから、という内容だったというのである。

「まあ、そういうことだったの？　そういうわけで、あなたは私に頻繁に電話くれたのね。わあー、ごめんなさい、どうしよう、アシャ、あなたを疑ったりして、本当にごめんなさい」と顔を伏せたままで謝り続けた。

そう、体の不調を感じたのは、カリンポンへ登って九日目だった。あの朝、背中に不快感を覚え、そのままバグドグラ市へ下り、ちょうどドクター・チャン病院の集中治療室へ入ったところへ、ハルミートから電話があったことを、はっきり覚えている。「なんてこと！」と悲鳴にも似たハルミートの声が今も耳に残っている。

ドクター・アシャの医師としての勘は確かなもの。恐れ入りました。これでアシャの太鼓判を素直に受け入れることができた。「よーくわかりました。これからは、しっかり体力をつけて、あなたたちの思いに応えられるよう、ポジティブにそしてアクティブに暮らし仕事を続けます」と清々しく宣言した。

夕方、ハルミートの夫を加えた四人で快気祝いの少し贅沢《ぜいたく》な食事を楽しんだ。術後一カ月と十日が経過していた。

## 2

シニア・タウンは居心地よく、たちまち三週間が過ぎてしまった。これだけ長居すると、ぼんやりではあるが、ここシニア・タウンの輪郭も見えてくる。

一昨日は早朝、訃報が入った。二棟向こうの奥さんが亡くなった知らせだった。三日前、タウンの中にあるスーパーで買い物をしている夫婦に出会った。たしか奥さんの糖尿病の薬を受け取りに行った帰りだと聞いた。時として、人には死が突然訪れる。その度、まわりをうろたえさせてしまう。ハルミート夫婦は、モーニングティーを放り出し、どたばたと飛び出していった。

ミスター・ラトラは、このタウン開設以来、一〇年も住民組織の世話人を務めている。役割は幅広く、住民の死亡に際しても葬儀一切の世話をするのだそうだ。親族への連絡、診断書の依頼、僧侶と火葬場の予約、荼毘《だび》用の薪の手配など……昼前には全て終わらせ、彼は帰宅した。この真夏に、ドライアイスを使うこともなく、冷房の効いた部屋に遺体を安置し、近親者や友人たちの弔問を受ける。

隣の家が、訪問者へのお茶のサービスを引き受け、まわりの住民たちがそれを助けている。それは、日常の暮らしが流れていくように進められた。

翌日の昼には、アメリカに住む長男家族が母親の茶毘に間に合い、何より手伝う人たちをほっとさせた。何という手際のよさだ。実に簡素で無駄がない。

ミスター・ラトラは「生きている者の務めが終わりましたよ」と午後のお茶の時間には戻ってきた。

「いい葬式だと感心してみていました」と私がねぎらうと、

「死んだあとは関わる人たちに任せておけばいいんですよ、サクヨさん」

葬式のことまで死に行く人が心配することではない、と彼の持論が返ってきた。

それにしてもインドは変わった。都会といえど、大家族制度の習慣が色濃く残っていた五〇年前とは変わってしまった。今日、核家族化がすすみ、老後を子どもや親族に頼ることは、ほぼできなくなっている。そういうわけで、その隙間に新しいビジネス、高齢者をターゲットにした産業が生まれている。その一つが高齢者を集めた街づくり「高齢者タウン」である。このタウンは、そこそこのゆとりある層の人たちに供されている。

必要な医療施設・健康保持を目的としたスポーツジム・スイミング施設、趣味クラブ、娯楽施設、スーパー、レストラン、ビューティーサロンなど、街にあるものは何でも揃っている。もちろん介護や食事のサービスも、いつでも利用できる。

施設運営にあたる会社とは別に、ここに居住する住民でつくる町民会がある。二〇人ばかりの世話人によって、宗教イベント、お祭り、さまざまな講座や近隣の学校への出前講座、図書館の運営など、役割は実に多彩である。さまざまな職種の人々の集まりであるから、人的資源には事欠かないとミスター・ラトラは自慢している。まさかと思っていた住民の葬儀までも守備範囲に含まれているのを、この際知って驚いた。若い者に頼らない、シニアたちの強い意志を感じ取れた。

すっかりハルミート一家の好意に甘えて、長居してしまった。そろそろ帰国の準備にかからねばならない。時を合わせ、航空会社に大げさなほどの手配を整え、私を迎えにやって来てくれたのは、宮崎の友人。「迎えはいらない」と断ろうとしたのだが、「人の親切は受けなさい」と私の娘が電話してきたので、ありがたく甘えることにしたのだった。

### *3*

太平洋岸に面して広がる松林がある。台風除けの人工林である。およそ一〇〇年前、台風の被害に苦しめられた住民が造林したと聞いている。この松林を南北に一本のなだらかな道路が走っている。シーガイア・リゾートのメイン道路である。道端には、廻る季節にあわせ、松のみどりに色を添える花木や草花が植え込まれている。並行して三メートル幅の歩道が設けられ、歩行者は、のんびり散歩が楽しめる趣向になっている。ここが私のエクササイズの場である。

歩き始めてかれこれ五年、三分速歩のウォーキング。三分めいっぱい急ぎ足、その後ゆっくり一〇〜一五分歩く。その後、また三分速歩して、ゆっくり歩く。この繰り返しを約一時間、距離にして四キロメートルぐらいだろうか。風雨の強い日を除けば、ほぼ毎日の日課である。道路が我が家に近いことも幸いしている。一日三回の食事をとる感覚と同じ。いやもっと楽しい時間といった方がいいかも知れない。一人の時間を、それもゆったりと落ち着いた時間を楽しめる時だから。

仕事や訪問客、すべてから離れ、時には歩きながら空想の世界に浸り、夢を追っかけてみたりする。夢はあくまで夢だが。夢にどうしたら辿りつけるか、そのプロセスを思いめぐらせてみる。

どこかゲームにも似ている。これが楽しい。「高齢者が夢見てどうする？」それはこちらの勝手。夢の中では、年はまったく関係ないのである。高齢だからこそ経験をもとに夢の世界に遊ぶことだってできる。確かに、夢と空想の世界は愉快な時である。しかし、夢見てばかりいるわけでもない。

思えば生を受けて七七年、戦争から今日まであれよあれよという間に今に至ってしまった。ことに今ごろは日々忙しすぎる。正月が来て、クリスマスがあっという間に戻ってきてしまう。まるでジェットコースターに乗って何も考える暇もなく一カ月、半年が飛んでいく。そう、超スピードで時間が飛んでいくのである。そして世の中は日々変わっていく。自分を取り巻く社会もめまぐるしく動いていく。ふと思う。あれよあれよと速い流れに押し流されながら、「平和の社会に生き、幸せな暮らしができた」と言いながら、このまま死んでいくのだろうか。いやそれじゃ腑に落ちない。等々と一人問答しながら歩いていることもある。

毎日一時間のウォーキングは、私の体力をカバーするだけでなく、さまざまな思いを巡らす大切な時間となっている。戦争のどさくさで生きるのに懸命だった頃のこと。そういえば、あの夢もあった。こんなことも考えていたのだが、と記憶が湧き出してくる。際限がない。これまでの自分の人生を整理して折り合いをつける。そうすることで、前方に視野が開けてくる。当然身の丈に合った目標も見えてくるのである。この楽しいというか有益な時間を生み出しているのがウォーキング。そう、私のエクササイズである。

そもそもこの習慣が身についたのは、バイパス手術を受けたメダンタ病院にある。

## 4

二〇一五年の暮れ、日本のかかりつけの病院で、術後はじめて体力測定を受けた。手術から三年が経過している。測定を終えて打ち出されるデータの数枚を手にするまで「どうか年齢より劣った結果でありませんように」と祈る気持ち。恐るおそる目を通した。

「あなたの呼吸循環機能はたいへん優れています。あなたの心臓や血管系および肺を年齢評価すると二〇歳です」

一瞬、目を疑った。幾度も読み返した。確かにそう書かれている。

じんわりと、さまざまな思いが去来し、感慨が胸を充たした。

今年は術後六年、大した努力をするわけでもない。身の丈に合った仕事、七六歳になって多忙を極めた法人をランディングさせ、一人NGOに戻った。これまでの事業の整理や現地のモニタリング、そして新たにミニ版のフェアトレーディングを始めている。もう一つの日課の運動は相も変わらず、ひたすらウォーキング。三分速歩である。ごくごく当たり前の日常がもどってきている。

カンツエンジュンガ

四部

# 終わりの旅
# 新たな始まりへ

# 一、ドクター・ナリニー

## *1*

二〇一八年一一月〜一二月。

インド、デリーに到着するや、サプライズの訪問から始まった。

訪れたところは、首都デリーに隣接する巨大都市、グルガオンの民間老人ケア施設。

ドクター・ナリニーは幼子のような笑顔で Yes. I remember you. I remember you. と二〇回ばかり繰り返した。

「五〇年もの間、ご無沙汰して御免なさい。子どもさんはどうしていますか？」などありきたりの質問を繰り返してみたが、彼女からはにこにこと I remember you. の言葉だけが返ってきた。

それもそのはず、ドクター・ナリニーは認知症が入っている九一歳。私がレイディ・アーウィン大学で活動していたころは、アラフォーのバリバリの先生だった。バイタリティ溢れる勇ましい大股で、校内を歩きまわる女性。夕方になると職員宿舎から飛び出してくる子ども二人が彼女の後を追って走る様子が思い出される。

ドクター・ナリニーは、「子どもの教育と発達」を専門としていた。私とはデパートメントが違ったが、インドの首都デリーと言えど、外国人が少なかった半世紀前のこと。若い日本人の女の子を気遣って、お茶や人様のパーティーによく連れて行ってくれたものだ。インドでは、ちょうどマーシー（Murthy）監督の娯楽映画『ラブ・イン・東京』がブレイク、日本人にはことに愛想よく付き合ってくれた時代であった。

今、彼女は、民間の老人ケア施設で暮らしている。書棚、机など所狭しと持ち込まれた一二帖ばかりの一室が彼女の世界。もちろん二四時間の介護がついている。一人暮らしが困難になり、ここに移ってきたのは二年前。偶然、友人のハルミートの家から車で五、六分のところである。

インド社会に異変が生じ始めたのは一九七〇年頃から。ヒンドゥー社会のジョイントファミリー（大家族制度）が崩れ始めた。その頃のインドは、人口約七億。貧困、文盲、失業など難題にのたうつ怪物と比喩される有様。病める巨人とか、この先インドは世界のお荷物になる、と疎んじられる国であった。

当然、そこに住む人々、ことに知識層の人々にすれば、国の実状もわかる。何とかしなきゃいけないと思うが、しかし、誰もが、自分と家族の幸せと将来を考える自己保身に陥っていた。国の債務や社会体制（民主的政治制度に基礎を置く社会主義体制）に希望が持てないと、見切りをつけた若者は、自由と夢を求めて海外を目指した。アメリカへ、カナダへ、オーストラリアへと磁石に引き寄せられるごとく飛び去って行った。それが一九七〇年から九〇年頃の現象。インドが頭脳までも失った時代であった。

果たして、インドは価値のない国だったのか。振り返れば、この頃、画期的イノベーションが生み出される準備が進んでいた。

一九六四年、初のコンピューターがインド財閥タータに到着。それ以来、コンピューター技術の基礎研究が、がむしゃらに始まっていた。一九七〇年に入ると、インディアン・アウトソーシング・インダストリーがスタートしている。この頃、ヨーロッパや日本はまだアナログシステムの時代であった。

インドはこれからのコンピューター時代を見据えた先駆者として、さっそうと歩き始めていたのである。世界のお荷物呼ばわりされるのはとんでもない話。後になって知るインドの底力がまだ見えていなかった。

## *2*

まさか、こんなこともあるの。突然の訃報に驚いた。

ドクター・ナリニーが亡くなった。昨日訪問したばかりである。ハルミートは身支度を簡単に済ませると、足早にお悔やみに出かけて行った。

「棺に一人の付き添いもいないなんて淋し過ぎる。切ないわ」とハルミートは悲しげな言葉を漏らしながら帰ってきた。

「そう、それって本当に淋しいわね。でも彼女、立派な終わり方だったと思うよ」

私は返した。

というのも、昨日、彼女の机に置かれたパソコンの前に座る若い女性に、もしかしてドクターはまだ執筆をされているの、と声をかけると、

「そうです。先生に呼ばれたときに来て、文章を打ち込んでいます。先生は、これが最後よ、とおっしゃっていますが……」

女性は必要な時訪れて、執筆の手伝いをしているという。

「ドクター、すごいですね。たくさんの本をお書きになっているんですね」と感嘆の気持ちを込めて語り掛けると、満面の笑みを浮かべて、Yes, I'm writing. I'm writing. と二〇回ばかり繰り返していた。

「昨日あんな素敵な笑顔を見たじゃない。彼女は幸せの中で生涯を終えたのよ。遺体に付き添う人がいなくても気の毒なことはちっともないわ」ハルミートを慰めた。

自分が決めた道を一人で歩き通した立派な一生。それで十分。

それぞれの家族や個人で選択した生き方がある。ドクター・ナリニーの子どもたちも、七〇年代の半ば、アメリカの大学進学を決めた。以来アメリカで働き、アメリカで家庭を持ち、アメリカ人として生きている。彼らの選択だった。

## 3

さて、一九九一年、インドは自由化に参入した。それ以来、インドの経済は安定に転じた。コンピューターでは世界を制している。このところの成長は、目を見張るものがある。

暮らしも豊かになった。経済の伸びに比例して、人間の寿命も延びている。医療の進歩と充実が一つの理由であろう。人々は押しなべて長生きである。長生きにもさまざまな長生きがあるものだが、言うまでもなく、長生きと隣り合わせにあるのが、年寄りの世話。誰がする。

かつてのインドでは、一族全員で支えあっていたジョイントファミリーがあったが、それはすでに崩壊している。一九六〇年頃から始まった国の「二人の子どもでおしまい」キャンペーンで子どもの数は家族に一人か二人、極端に少ない。年老いてみると、周りに家族も友人も親戚もいない。たとえいても、人のことを考える余裕がない。誰もが自分のことでいっぱい。メイドやサーバントを雇うにも、リスクを考えると難しい時代になっている。

あの煩わしいと思った大家族制度。一度捨て去ったものは帰って来ない。この失ったものへの懐古、そして空虚。あの追い求めた幸せは何だったの？　とつくづく思いながら暮らしている七〇～九〇歳の人たちがなんと多いことだろう。

これは仕方がない。すべては時代の潮流が社会を、そして人々の暮らしを変えていくのだから。崩解した家族制度、海外に分断された家族が辿り着く人生の終わり方を、当然の形として受け入れるしかない。付け加えるとすれば、世の中が変わっていくスピードに人間の対応力と精神がついていけていない。だって誰の頭も、もろもろの勘定で忙し過ぎて、余裕がないのだから。

インドへの終わりの旅のしょっぱな、半世紀前の友人（同僚）ドクター・ナリニーの生涯の最後に立ち会い、つれづれなるままに、インドの現実に思いを巡らすことになった。

# 二、女三人、終わりの旅へ

## *1*

十一月も終わり。晩秋のヒマラヤ地方は、雪山から吹き降ろす冷たい風と共に、澄み渡る空気に包まれる。淡いピンクのヒマラヤ桜と鮮やかな赤を際立たせるクリスマスの花、ポインセチアが同時に山里を彩る。

カンツエンジュンガ

幾重にも重なる段々畑を、稲穂が黄金色に染めている。カリンポンの街から更に登った小高い山の中腹。まだ青々とした芝生の庭に折り畳みの椅子が並べてある。ゲストに用意された席の正面には、神々《こうごう》しいカンツエンジュンガの嶺々が悠然とその姿を横たえている。

ここは、私どもの歓迎会が催される会場である。どれほどの長い間この地に滞在し、また訪

終わりの旅をする３人

問を繰り返してきたことだろう。ヒマラヤはいつも清涼な霊気に満たされている。まさに、異次元の世界に身を任せている感覚になる。

はるばる一緒に旅をしてきた友人ハルミートとアシャも、味の素プロジェクトで活動を終えて六年ぶり。訪れた甲斐があったと絶景に心を奪われている。よくぞ最高の場所を用意してくれたと感心している私どもに、話しかけてきた元研修生が「こんな不便なところにお招きして申し訳ありません」と気遣いの声を掛けた。とんでもない、ここは最高。世話人たちの心遣いに感謝していると告げると、彼は少し腑に落ちない表情をした。そうか、毎日この景色の中で暮らしている人たちにすれば、山なんて特別でも何でもない。彼らには、街中のホテルの方がおしゃれで人を招くにふさわしい場所に思えるのかもしれない。

すでに開始予定時間から一時間は過ぎている。参加者の顔も揃ってきたようだ。快活に笑顔で集まってくる元研修生たちも、久しぶりの顔合わせとあって、あちこちと懐かしい顔を見つけては近況のおしゃべりで忙しい。

世話人たちは時間を気にしている。「皆さん、席へ」と声を上げるが、誰の耳にも届いていないようだ。

さて、待ち時間を利用して、今回のカリンポン訪問のいきさつを少し説明しておきたい。

実は、ちょうど一年前の今ごろ、私どものプロジェクトの地であったこのカリンポンを訪れる計画でいた。事業終了後、五年目のモニタリングにである。ところが、そろそろ準備に取り掛かろうと思った矢先の昨年五月、突如ダージリン地区(カリンポンを含む)でストライキが始まってしまった。いつ終わるとも知れず、ストライキは続いた。待てど暮らせど終わりそうにない。メールのやり取りも不能。八月、九月と過ぎていく。結局訪問を断念するよりほかなかった。

何より心配したのが、食糧不足で餓死者は出ないだろうか、ということだった。それというのも、これだけ長い期間、家に閉じ込められていては、すぐに食糧も底をつく。住民は、どう生き延びるのだろう。「我々のゴカランドを取り戻そう。そしてみんなで幸せになろう」とリーダーは、今も同じフレーズを繰り返しながら、住民は、だまされているとでも思っているのだろうか。

いや、住民の苦しみと悲鳴が届かないはずはない。察するに、リーダーは彼の都合のためにストライキを続けているに違いない。

さまざまな思いを巡らせながら、晴れ晴れとしない日々を過ごしていると、「ストライキが終わりました」。メールが届いたのは十月の初めだった。やっと、人々は軟禁状態のストライキから解放されたのだ。

一度、決意した気持ちが折れると、次の気力を取り戻すのは難しい。ヒマラヤの奥地まで旅をするには、年を取り過ぎたと思う。一方で、それでもプロジェクトの六年後を見届けておきたいと意固地な性格が頭をもたげてくる。そんなわけで、またしても、カリンポン訪問を決意することになった。

幸運なことにデリーの友人二人も同行を快諾。二人は自分たちが手伝った味の素「食と健康プロジェクト」のその後を見たいという。一年遅れになってしまったが、やはり空が安定するこの秋の季節を選ぶことにした。

昨日夕刻、カリンポンに到着すると、待ち兼ねたように訪問者がホテルにやって来た。以前、私どものプロジェクトに協力してくれたドクター・ライさんたちだ。三人に逢えるのは二年半ぶり。この二年半、なんと長い時間に感じたことか。当然ながら、特別な感慨が湧いてくる再会である。互いに話したいこと、聞きたいことを溜め込んでいそうだ。

「ストの結末はどうなりました」の問いに、ドクター・ライは一呼吸すると、堰を切って喋りだした。要約すると次のような内容である。

一年前のストライキ中、餓死者は一人も出なかった。住民同士の助け合いで生き抜いたという。住民はエゴになるどころかその結束の強さに、彼ら自身感動したのだ。

とは言っても、ストライキがいつまで続くのか誰にも予測がつかない。誰もが、明日は終わるだろう、次の日もまた明日に期待する。いつになってもその「明日」の終わりがやってこない。苛立ちが増すころ、食糧不足、生活物資も底をついてくる。あちこちで悲痛な叫びが上がると、やがて有志による組織が自然発生的にできたのである。闇の中で動いてくれる人たちである。

ゴカ・アーミーの見回りが手薄な午前二時から六時が彼らの行動時間であった。カリンポンの山頂を越えたところに、シッキムとのボーダーがある。そこが物資を受け取る秘密基地。幸いシッキムは別州である。受け取った食糧・物資は、人海戦術に頼り、村から村へ運ばれて、朝を迎える。

聞いている方はスリル満点だが、それを言っては不謹慎というもの。彼らの心境はどうだったただろう。「みんなが生きるため」に、命を懸けて支えた人たちがいた。よく頑張ったものだと、敬意をもって聞き入った。

## 2

それにしても、今日のドクター・ライたちの表情は、底抜けに明るい。なぜ？　次なる驚きを語り始めた。

その「驚き」の話の前に、前年の二〇一七年のゴカランド・ストライキについての経緯を述べておきたい。

ゴカランド、すなわち、ダージリン地区のストライキが始まったのは五月のはじめ。ストライキの首謀者は、地区リーダーと彼が組織するゴカ・アーミーである。役所、学校、ビジネス界、すべて閉鎖である。もちろん住民の労働も許されない。家から出ることを禁止する冷酷なストライキである。ストライキの目的は、「我々のゴカランド（ネパール人の土地）をインド政府は我々に返せ」民族運動である。既に三〇年以上も続いてきた民族運動であるが、今のリーダーになって一〇年余り、ストの色合いが変わった。

断っておくが、この地方のリーダーは、選挙で選ばれたものではない。戦国時代に似て、力による争いでリーダーの地位を獲得するのである。今の時代、信じ難い話だが、この山岳地方に残る慣習のようなものと理解している。

例えば、隣接するブータン国。ダージリン地区に住む人々はブータンを外国という感覚でとらえていない。民族や慣習が重なり合うところが多いせいかもしれない。そのブータンは王制の国である。今の王様は五代目。一代目が王座を得たのはそんな昔の話ではない。前のリーダーを倒して権力を獲得し、一代目の王様として築いた国が今のブータンである。ダージリン地区のリーダーたちも同じような手法で前のリーダーを倒し権力を手にするのだと、カリンポンの村の長老から聞かされた。

本書二部にも記したが、ゴカランド独立運動の発端はイギリス統治時代に遡る。イギリスの政策によって、ネパールからダージリン地区に移住してきた多くのネパール人たちがいた。インド独立後、土着のインド人より数で勝るネパール人たちは、ダージリン地区をネパール人の土地と主張するようになった。民族独立運動の始まりである。ダージリン地区に接してシッキムがある。シッキムは固有の領土である、と主張する中国とインドが戦火を交えたことのある特別区である。前は小さな王国であったが、インド領となり、インド国境の要所になっている。

変質した民族運動と前に書いたが、二〇一七年の五カ月間のストは、およそ偶然とはいい難い。時を同じくして、インド・中国国境、ブータン領のドクラム高地に中国人民解放軍が、道路建設を始めていた。ブータン国の防衛を支えるインド軍は、領土侵犯の行為とみなし、軍を展開させた。印中の睨み合いが始まったのである。中国を激しく非難するインドに対し、インドこそ領土侵犯だと中国は主張して譲らなかった。

やっと両者が顔を突き合わせる国際会議の直前になって、詳細は曖昧なまま、双方が撤退。とりあえず一件落着となった。時すでに八月下旬、長い睨み合いになって四カ月ばかりが経過していた。ダージリン地区のゴカ・ストライキはそれから更に一カ月続いた。十月になってカリンポンは、やっと悪夢のゴカ・ストライキから解放されたのだった。

さて、ここからドクター・ライたちの快活な話に戻ろう。

一瞬、それって本当の話？　とたじろぐほどのビッグニュースで始まった。ストライキが終わり時を移さず、このカリンポンが、ダージリン地区（県）から分断され、新しく独立した行政区になった。ダージリン地区を二分するなど、そのような発想は誰も思いつかなかった。こんな手があったのか、とは後になって気づかされる。それにしても、インド政府も思い切った手法を見つけたものだと賛嘆する。ともかく長い間続いてきたこの地域の頭痛は、とりあえず遠のいた。

ダージリン地区を思うままに力で支配してきたリーダーも、これでは独立運動も成り立たないだろう。人口も少なくなり、面積も小さすぎる。カリンポンはもはやダージリン地区ではない。

「カリンポンは県として整備され、ポテンシャルも大きくなりますよ。何より平穏を取り戻したのですから」。ドクター・ライたちの明るい表情はこれだったのだ。

それもそのはず、彼らの分野である農業振興にも壮大な目標が定まった。コーヒー一大産地化のプロジェクトはその一つ。すでにスタートしている。それもＪＩＣＡプロジェクトの延長線上にオーガニック栽培を売りにするというのも変えていない。すでにカリンポンの農地で一五万本のコーヒーの木を植え込んだと、自信と意気込みが伝わってくる。ドクター・ライは、採れた試飲用のコーヒーを自慢気に持参していた。

私どもは、まだあっけにとられていた。夢心地で、彼らが語るカリンポン物語を聞いている。これまで住民を苦しめてきたリーダーはどうしているか、私には気になる。話の腰を折るつもりはないが、問うてみたくなった。彼らはやっぱり聞いてくるかという表情を浮かべながら、

「リーダーの行方は誰も知りません。ただ役所関係者の間では、インド政府の保護のもと、首都のデリーにいるようだ。それが一般に広まっている情報です。それ以上のことは、全く分かりません」とそっけない返答。これ以上聞かないで、と目が言っている。それでも話のついで、と次なる質問をしてみた。

「中国軍の侵攻（道路建設）とストライキは連動していたと住民は思っているのでしょうか」の問いに、「いやいや、それはまったくないと思います」。思っていたとおり、ガバメントの役人は口が堅い。野暮な質問をしてしまった。

## 3

さて、歓迎会の席へ戻って話を続けることにする。

昨夜はカリンポンに到着するなり、盛りだくさんの情報に弾んだ。そのせいか、こうやって歓迎会に迎えられる気分も踊っている。会の始まりがどれだけ遅れようと気にならない。心はすこぶる寛容である。インドタイムは相変わらず健在。それでいい、とは気分に乗じても言えないが。

予定時間を一時間半ばかり過ぎたあたり、全員の着席でみんなの呼吸が整ったようだ。世話人のレンドップの心の籠もる歓迎の言葉で始まった。続いて、土地の慣習に沿った歓迎の儀式。全員によるカダー（絹のレイ）のプレゼント。カダーが次々重ねられて、三人の顔は隠れそうだ。

私どもの前に置かれたテーブルには、畑で採れたボールチリ（強力な唐辛子）、今が旬のアボカド、束ねた庭の花、手作りのチーズ・バター、などお土産が積みあがった。山岳地の風習の美しさに心が満ちてくる。

ここで私どもに挨拶が回ってきた。とっくに一二時を過ぎ、昼ご飯の時間。建物の方から空腹をくすぐる、揚げ物やローカルカレーのにおいが漂ってきて腹はさっきから鳴っている。

これから女三人がスピーチをする。ことに年寄りの女の話は長い。せめて、自分だけでも短く切り上げるのが肝心。二年半ぶりの訪問の感激を、昨夕得た情報を交えて短く伝え終えた。そこに絶妙なタイミングで大きないびきが脇の方で響いた。アシャだ。隣に座るハルミートは、慌てて左足でアシャの足を蹴っている。対面して座る参加者たちも、その光景に遠慮なく笑い出した。

今度は笑い声に驚いたアシャが「オー、ソーリー」と目覚めた。大自然の中、集まった人たちが一斉に笑いに包まれる。何と和やかな風景なことか。

「皆さん、年を取るとこうなります。座ればどこでも眠ります。いびきは相当リラックスしている証です」とコメントし、ついでにハルミートをスキップして、アシャに挨拶を譲った。

アシャはすっくと立ち上がると、「雄大なヒマラヤに抱かれて、微睡《まどろ》めるなんて本当に幸せ。皆さんありがとう」と流暢に話し始めた。

「ここは六年ぶりです。味の素『食と健康プロジェクト』で、山岳地の医療に触れる機会は貴重なものでした。もちろん、村の若い女性たちとの交流も楽しいものでした。いろんな思い出が、今、頭の中を駆け巡っています。ただ、こんな歓迎の席にそぐわないけれど、巡回医療キャンプで村を回った時のつらい事件。私がその村を訪れる一週間前のことでした。レイプに遭い、妊娠した村の若い女性が自殺していたのです。あなたが一〇日早く来てくれていれば、と泣きつかれました。同じ村の人はもちろん覚えていますね。聞いたところでは、この地方でもレイプの事例が増えているようです。本当でしょうか？　皆さんもご存じでしょうが、インドでは三分に一人の女性がレイプされています。海外では、インドの首都の名称をレイプタウンに変えるべきだと揶揄されているほどです。

インドの女性の尊厳は、どんなに世の中が進歩しても、粗末に扱われる。女性に生まれてきたというだけで、大きな危険性を抱えています。でもたとえ、レイプに遭っても、妊娠させられても、死んではいけません。六年前、私の研修を受けた女性たちにはお願いしています。困ったときは連絡をください。女医の仲間で、私たちはシェルターを用意しています。堂々と彼女の人生を生きてほしいのです」

さっきまで大口開けていびきをかいていたアシャではない。今の彼女にできること、彼女だからできることを明確に伝えた。

そういえば、アシャがもう少し若いころ、よく赤ん坊を抱いて、デリーからボンベイ(ムンバイ)へ通っていたことが思い出された。養子縁組先に赤ん坊を届けていたのである。久しく聞くこともなく忘れていた彼女のボランティア活動を思い出した。

このところアシャも歳を重ね、歩行もままならず、めっきり衰えた。実働は無理でも、彼女の使命というか、女医魂は変わらず健在と、安堵しながら聞いていた。

会場の女性たちは互いに目くばせし、うなずき合っている。気持ちの上でも、心の拠り所として、有り難いことに違いない。

次いでハルミートの挨拶を聞きながら、例えばある日突然、政府がこんな発表を行ったら、あなたはどう反応するだろう、と仮定の自問をしてみた。

「今あなたが持っている紙幣は明日から使用不可です。持っている紙幣は、銀行で新札に交換して使ってください。交換には限度額があります。一〇〇万円以上は交換不能です」と。

何だって、新札しか使えない？　その意味がわからないよ。なんとおかしな発表なのだ。気でも狂ったのか、となるに違いない。

そのまさかの不意打ち的発表がインド政府から発せられた。二〇一六年十一月八日夜八時のことである。

インドの人たちには、その意味するところを瞬時に飲み込めた。しかし、予想もしなかった。それというのも、不法な隠し金を家の壁など改造して溜め込んでいた人たちにとって、まさに一大事。この種の人たちは青ざめた。抜け道はないかと、思案に暮れるのは当然のこと。何せ、お札が紙切れ同然になる瀬戸際に追い詰められたのだから。

インドのビジネス界では、五割(?)がブラックマネーというのが大方の相場だと言われてきた。その隠された七割は、税金を払うことなくしかるべく処理されるブラックマネーである。もちろん銀行に預けられることもない。これでは国の財布に入るべき税金は入らない。社会に必要なインフラや社会保障などの国の施策が円滑かつ潤沢に運ぶのは難しい。

不思議に思えるくらい絶妙な手法で準備され、気配も感じさせず、一気にメスを入れる。インド政府の思い切った外科手術は痛快そのものだった。

堅い話をほぐすように笑いながら、ハルミートが冗談交じりに参加者に向かって尋ねた。

「皆さんの中に交換額を超えて所持していた人はいませんでした?」

手を挙げたのは、ムードメーカーと呼ばれていたディペン。彼はすっくと立ち上がると、まじめな顔で、「僕んちでは紙切れ同然になった大量の旧紙幣を大っぴらに焼けないでしょ。毎日かまどにくべて薪代わりにしています」と笑いを取った。ムード作りのうまいディペンは変わっていない。会場には研修時の雰囲気がにわかに戻ってきたようだ。

歓迎会でスピーチするハルミート

ハルミートは一緒に笑いながら話をつづけた。

「これまでというもの、地域の格差や貧富の格差に本腰で取り組む指導者がいなかった。むしろ富む人たちは、貧しい人たちがいることを好都合と考える向きさえありましたよね。この地方でも、これまで金持ちが貧しい人たちに高い金利で金を貸すのは当たり前の感覚があったと思います。今回打ち出された国の施策は富裕層の不誠実を戒め、貧困層に手厚い公正な処置が取られたと心底嬉しいです。諸々ある中でも、預金ゼロの人たちも、銀行口座が開ける。どの施策も画期的だと思いません?

六年前、私が味の素『食と健康プロジェクト』でカリンポンに滞在したとき、よくタクシーを使いました。ドライバーとの会話を覚えています。車のオーナーからこの車を借りて営業している。どんなに頑張っても車の高い借料を払うと、毎月手元に残る金は僅かだと嘆いていました」

ハルミートの話を遮るように、会場の数人から声があがった。

「今は車を借りて営業している人はいないと思います。皆ローンを組んで自前の車です」

「やっぱりそうでしょう、この当たり前がインドにはなかったんですよね」

ハルミートは、会場との一体感にすこぶる満足している。

時はすでに一時を過ぎている。後方のテーブルには、やっと料理の数々の皿が運ばれている。

ヒマラヤ地方独特のチーズの香りがみんなの胃袋を刺激する。

空いた腹に、チーズモモ（ギョーザ）、豚まん、たまらない。さらに食欲をくすぐるのは、これらに付けるミントソースと手製のトマトソース。他では味わえないここだけの味。久しぶりの懐かしい味に涙した。

食べながらおしゃべりも止まらない。誰もが時間が短すぎると言い、伝えたいこと、聞きたいことでまだ胸の内はすっきりしていないと限りがない。名残惜しいが、やっと区切りをつけて会場を後にしたのはすでに陽は西にまわり、建物の屋根の影が芝生をすっぽり覆ったころだった。

## 三、宮崎とインド――新たな旅へ

ホテルに戻ったのは、夜の一〇時頃だった。

あちこちと寄り道の度にごちそう攻めに合い、腹は満腹を通り過ぎ身動きすら不自由なくらいだ。ハルミートとアシャはベッドに辿り着くと、すぐに寝息を立てた。

今日一日、濃厚な時間に体は疲れているのに、私はなかなか寝付けない。おそらく満たされた気持ちの高ぶりのせいだろう。あの人、この人の言葉が頭に浮かび上がってくる。しばし眠れぬままに任せた。

### *1*

「どんな言葉を集めても、私どもの思いを表現するには小さすぎます。このカリンポンに、あなたたちはどれほどの種をまいてくれたか計り知れません。私どものなかに占めるあなた方との関係、ＪＩＣＡプロジェクト、味の素プロジェクトは深く、そして根を張っています。

私どもは、技術を学んだだけではありません。ものの見方、考え方、地域の課題など、さまざまなテーマを一緒に話し合い、考え、実行に移してきました。それも私どもの暮らしの中に浸透しています」

レンドップは胸ポケットから紙切れを取り出し、ちらっと目を通すと続けた。

「宮崎という地名は私どもにとって特別なところです。私どもは実に恵まれていたとつくづく思います。宮崎の農業試験場は幾人ものカリンポンの青年を受け入れてくれました。私もその一人です。私の場合は短期でしたが、近代的な設備、試験圃場、どれを見ても驚きと興奮の連続でした。私一人のために、懇切丁寧な研修の数々が脳裏に焼き付いています。

また、あちこちに散らばった分場でも、それぞれの分野で実習を交えた盛りだくさんの経験をしました。それは大きな自信につながりました。宮崎で研修を受けた私たちとカリンポン地域の農業者は、どれほど恵まれていたか。

またその農業試験場をリタイアされたタカハシさんとカワノさん。講義を受け持つだけでなく、村々を巡回して農家の人たちと親しく話しながら適切なアドバイスをしてくれました。彼らの姿は、農民だけでなくカリンポンの農業機関の役人たちにも大きく影響したのは確かです。カワノさんがカリンポンに登ってくると、役人のドクター・ライはカワノさんにくっついて離れませんでした。二人が熊の親子のように行動する様は微笑ましくもあり、研修生には忘れられない光景です。ドクターは一つでも多くのことを学ぼうとしていたのです。この二人の日本人技師は、日本の六〇年前の農業技術がカリンポンで役立ってうれしいと、彼らの若い時代を振り返りながらカリンポン生活を楽しんでくれました」

レンドップも、これがスギモトの最後の訪問と思ったのだろう。宮崎との縁に感謝を忘れまいとメモっていたようだ。挨拶に熱がこもっていた。

レンドップは挨拶の終わりに、とりわけ得意気に喋った。

「この歓迎会の会場は、私どもが運営する研修施設です。役所の下請け的な事業ですが、若者の研修をしています。先ほど、戻ってきた若者たちは、来年二〇一九年四月、日本に送り出します。五〇名が第一陣です。日本では三年間、ホスピタリティ分野で研修を積みます。施設では農業研修もまもなく開始の予定です。農業分野でも日本に派遣します」

あれは二年半前のモニタリングに来た時だった。職業訓練の施設を開設、ホテルなどで働きたい若者を受け入れていると聞いた。今日、昼食に戻った三〇人ばかりの

日本へ研修生として旅立つ若者たち
（右から二人目はあいさつするハルミート）

研修生たちが、きびきびと整列し、私どもゲストに挨拶した。しゃれた制服に身を包んだ初々しい若者たちは、憧れの日本に心は飛んでるようだった。

たしかこのプログラムは、日本の人手不足を補完する受け入れ制度、つまり最近よくニュースで登場する研修制度のことであろう。カリンポンで、この事業を運営するＪＩＣＡプロジェクトの元研修生たちは、少なからず日本との関係をさらに深められると信じ、この仕事に誇りさえもっているようだ。恩返し的思慮さえ感じられる。早い話、研修制度という耳障りの良い言葉で日本が外国から労働力をお願いするということだろう。さらにうがった見方をすれば、日本人に人気のない分野の仕事現場を任される人たちだ。言語の問題など考えれば、思惑のすれ違いがなければよいが、と複雑な気持ちにさせる。

これも一つの社会の変化に伴う事象であろう。どうか、カリンポンから派遣される若者たちが理解ある職場に恵まれますようにと祈るような気持ちにさせた。

## 2

歓迎会のクロージングを受け持ったデペンドラの挨拶は、ＪＩＣＡプロジェクトのその後をまとめる印象的なものだった。

「ミセス・スギモトの挨拶のなかで、『果たしてＪＩＣＡプロジェクトは、カリンポンの農業者に有用な事業だったのだろうか？　と自問するときがある』とありました。その心配はまったくありません。私どもは、あのプロジェクトを今も誇りに思っているし、進化させています。あなたの研修生たちを自慢に思ってください。

　研修中に、カリンポンのポテンシャルについて討論し合ったことを皆さん覚えていると思います。インドの発展を見込んで、ここの冷涼な気候を生かした産業として、グリーンツーリズムが話題になりました。そのグリーンツーリズム。私もこの五月から営業を始めました。ほかにも何人かスタートしています。

　ロッジを畑の中に建て、都会の人たちが泊まって農業を体験する。今日、自然を求める都会人がたくさんいますから、タイムリーだったと思っています。うちの第一号の客は、なんと、日本の若い男性二人でした。でもごめんなさい、すぐに追い出してしまったんです。大型カブト虫（ヘラクレス）の密輸を企んでいたからでした。これについては、皆さんご存じのとおりワシントン条約に反しますからね。

　それから、グリーンツーリズムと並行して、コーヒーの木を植えました。このカリンポンを

元研修生たちが生産しているカリンポンコーヒー

オーガニックコーヒーの一大産地にしよう、というプロジェクトです。もちろん政府が先頭に立っていますが、私ども元研修生たちもコーヒーの木に期待して取り組んでいます。私の家では、千本が育っています。そのうちおいしいオーガニックのコーヒーをお届けします」

彼の言葉はどれも心地よかった。ディペンドラが言った言葉「進化している」、そのとおり、ここ数年、カリンポンの成長は目をみはるばかり。そして発展し続けているのだ。

あたかもそのときを待っていたかのように、これまで溜め込んだ熱意を爆発させるように、地域の活性化に取り組んでいる。これまでの理不尽なストライキやさまざまな制約に苦しんできた地域とは少しも感じさせないで。

無論、インド全体のボトムアップ施策が基盤にあるのは確かだろう。あの数十年前のすさまじい貧困をあからさまに露呈する街をみるのも少なくなった。外面的にも変化を遂げている。夜具もろくになかった村の農家にも、中国製の暖かい毛布が揃ってきた。テレビも当たり前になりつつある。冷蔵庫を備えた家も驚くことではない。物で進歩の度合いを語るのは適当でないかもしれない。しかし、少なくとも農家の経済状況のものさしにはなるだろう。当然子どもたちも当たり前に学校へ通い、勉強ができる環境が着々と整ってきたということだ。何と喜ばしいことか。

## 3

支援を始めて、三〇年が経過している。私どもは、子どもの支援、地域の支援を二〇一八年で終わらせた。目的がほぼ達成した、という理由で。この終わりの旅で、それは妥当な判断であったと思う。あとは彼らの自助努力に任せれば良い。

この終わりの旅で、自分自身の頭の整理をしなければならないと教えられた気がしている。それというのも、私の頭の中には半世紀前に体感したインドの姿や三〇年前のカリンポンの様子がいまだこびりついている。それらを整頓して、そろそろ今日のインドの実際の情勢を正しくとらえ、そして日々発展を続けるヒマラヤ山岳地、カリンポンの活気に満ちた姿もアップデートしなければならない。

## エピローグ――感謝とともに

思い起こせば三〇年前、学ぶ機会のないインドの子どもたちの養育と教育のささやかな事業から始まった活動。ＮＧＯとは名ばかりの団体には重すぎる無茶な挑戦であった。助ける神ありとでも言おうか、さまざまな人たちに支えられて歩き出した。喜んで活動に加わり、子どもたちの養育と教育を資金面で支えてくれた会員。長年慈善茶会の収益金を寄せてくださった佐々木宗慶社中・竹茶会の方々。臨時収入が入ったからと、寄付を持参してくれた人たち。資金集めのバザーで奮闘してくれた人々。

その中でも貴重な助っ人の一人は、日野原重明先生だった。先生は、私どもの団体にとって救世主だった。というのも、団体は事務局職員の給料を賄う収入源を持っていなかった。事務局は常に火の車。かといって、会員から届く会費は、あくまでも支援する子どもたちに充てる資金である。一貫して混同することはなかった。

台所が困窮してくると、「日野原先生助けて」と懇願すると、先生はスケジュールをやりくりして「この日はどうですか」と心優しく対応してくださる。もちろん、私どもが取り組んでいる事業の内容と台所事情をよくご存じだった。幾度も宮崎まで講演に足を運んでいただいた。二〇〇〇人の会場は、常に満席、それは、先生が語る〝生き方〟への共鳴のうねりであった。今も先生に導かれている気がしている。

加えて、現地指導者の育成など実務面で支えていただいた宮崎県とその関係機関の職員の方々。県の農業専門家ＯＢである高橋英夫氏と河野喜幸氏には、はるばるとヒマラヤの山奥まで根気よく足を運んでいただいた。現地人講師陣と絶妙な連携で事業を成功に導いてくれたかけがえのない助っ人。二人は、研修生はもちろんのこと、インド政府機関の職員からも親しみと尊敬を集めた。共に困難なプロジェクトに挑んだ同志の感慨は今も消えることがない。本カバーおよび本文に挿入した写真の多くは河野氏の撮影によるもの。どの写真からも氏の現地に対する深い愛着が伝わってくる。

カリンポンのプロジェクト地において、現地の人たちの協力も忘れることはできない。政府役人だったドクター・サムエル・ライ、ミスター・Ｊ・Ｂ・ライ、この二人は研修の内容から講師の手配、研修生の宿泊まで細部にわたって最後まで世話をしてくれた恩人である。また、シッキム農工大学は講義はもちろん、大学の施設・設備の提供、さらには、農機具の開発までＪＩＣＡプロジェクトと共に歩いてくれた有能でありがたい現地助っ人であった。

加えて、九州JICA・インドJICA事務所には、私どもの力不足のため、さんざん迷惑をかけた。にもかかわらず、懇切丁寧な指導をいただき、事業を乗り切れたと深く感謝している。

JICAプロジェクトの仕上げ部分を埋めてくれたのが〝味の素〟プロジェクトだった。ヒマラヤ山岳地の人々の命に直結する「食と健康」の啓蒙活動は、現地州立病院と首都デリーに住む友人のハルミートとドクター・アシャのリーダーシップによるところが大きかった。単に応援歌で励ますだけでなく、最後には活動に加わってしまった彼女ら二人も頼もしい助っ人たち。この二人は、半世紀以上人生の旅仲間でもあった。かけがえのない友。何しろ、半世紀以上も友だちでいると、思いもよらぬ迷惑をかける事態になることもある。そう、六年前デリーに隣接するグルガオンのメダンタ病院で私の心臓バイパス手術に至った時がそうだった。

私は七〇歳の時、突然のアクシデントでインド医療に身を委ねる破目になった。正直、不安はあった。かと言って選択肢もない。この際腹を据えてインド医療を知る貴重なチャンスを与えられたと素直に受け入れることにした。

日本の医療が進んでいるとか、インド医療技術も大したものだと比較するつもりはない。何せ、それを判断するだけの知識がないのだから。要は、どれだけ患者の側に寄り添って治療がなされているかの視点から観察するのは興味深いものだった。滅多に巡り合わない貴重なインドでの入院生活体験を書き留めてみた。

思い起こせば、数えきれない人たちのお世話になって、ここまでを歩いてきた。お礼の言葉が見つからない。ごくごくありきたりだが、〝すべての人に感謝〟この言葉に行きついてしまう。

二〇一九年　盛夏の宮崎で

著者略歴

**杉 本　さくよ**（すぎもと　さくよ）

1942年　長崎県諫早市生まれ

1966年　青年海外協力隊として渡印。インドの首都ニューデリーにあるレイディ・アーウィン大学栄養科で活動。その後、ミッショナリーズ・オブ・チャリティへの募金活動に携わる。

1991年　宮崎県国際ボランティアセンターをNPO法人として設立。インド・ベンガル州カリンポンにある学校福祉法人ドクター・グラハムズ・ホームズ日本委員会となる。教育の機会に恵まれない子どもたちの教育支援に携わる。

2005年　教育事業に並行して、カリンポン地域園去振興プロジェクト（JICA 草の根パートナー型）を 2013年まで実施。2010～2012年、「味の素 食と健康プロジェクト」を展開。この間、事業のマネージメントに携わる。

2018年　NPO法人を閉じる。

現住所　宮崎市阿波岐原町前浜4276-751

みやざき文庫 136

# インドへ導かれて半世紀
## ヒマラヤ山岳地プロジェクトの記録

2019年 9 月25日 初版印刷
2019年10月 3 日 初版発行

著　者　杉本さくよ

発行者　川口 敦己

発行所　鉱脈社
宮崎市田代町263番地　郵便番号880-8551
電話0985-25-1758

印　刷
製　本　有限会社 鉱脈社

みやざき文庫

## 既刊から

### 私たちの町でも戦争があった

アジア太平洋戦争と日向市　福田　鉄文　著

見なれた風景の中にあの戦争の傷跡が。長年にわたる丹念な調査がこの国の過去を掘りおこし、今を問いかけ未来を指し示す。

本体２０００円＋税

### 宮崎発掘　史話四題

甲斐　亮典　著

西南戦争で戦場地となった村人たちの困難、一庶民の日露戦争従軍日記など、人生の歴史の転機に直面してどう生き抜いたのか——

本体１４００円＋税

### 綾の原生

〈森のピカソ・・・どこへ〉

黒木　一明　著

《すぐ近くで激しい音を立てて雷が鳴り始めた。それは今思うと巨木からの手厚い歓迎だったのかもしれない。森は瞬く間に深い霧に包まれていった。》照葉の森のＫＡＺ、その光と色。

本体２０００円＋税